따라 하면서 배우는

# 유니티
# ML-Agents

유니티
머신러닝
에이전트를 이용한
딥러닝
강화학습

따라 하면서 배우는

# 유니티 ML-Agents

유니티 머신러닝 에이전트를 이용한 딥러닝 강화학습

지은이 마이클 랜햄

옮긴이 박진수

펴낸이 박찬규   엮은이 김윤래   디자인 북누리   표지디자인 Arowa & Arowana

펴낸곳 위키북스   전화 031-955-3658, 3659   팩스 031-955-3660

주소 경기도 파주시 문발로 115, 311호 (파주출판도시, 세종출판벤처타운)

가격 22,000   페이지 236   책규격 175 x 235mm

초판 발행 2018년 11월 21일

ISBN 979-11-5839-125-6 (93000)

등록번호 제406-2006-000036호   등록일자 2006년 05월 19일

홈페이지 wikibook.co.kr   전자우편 wikibook@wikibook.co.kr

이 도서의 국립중앙도서관 출판시도서목록(CIP)은

서지정보유통지원시스템 홈페이지(http://seoji.nl.go.kr)와

국가자료공동목록시스템(http://www.nl.go.kr/kolisnet)에서 이용하실 수 있습니다.

CIP제어번호 CIP2018036076

따라 하면서 배우는

# 유니티
# ML-Agents

유니티
머신러닝
에이전트를 이용한
딥러닝
강화학습

마이클 랜햄 지음
/
박진수 옮김

Packt>    위키북스

## 저자

**마이클 랜햄(Micheal Lanham)**은 게임, 모바일, 그래픽, 웹, 데스크톱, 엔지니어링, GIS 및 다양한 산업 분야의 머신러닝 응용 프로그램을 비롯한 다양한 소프트웨어를 개발한 경험이 있는, 검증된 소프트웨어 아키텍트이다. 2000년부터 머신러닝을 이용해 일하기 시작했으며 나중에 지형학에서 3차원 배관 검사에 이르기까지 다양한 응용 분야에 다양한 기술을 적용했다. 그는 나중에 유니티에 입문한 이후 유니티 앱 여러 개를 열심히 개발했고, 책을 여러 권 펴냈다.

유니티의 머신러닝 팀,
특히 대니 레인지 박사와 아서 줄리아니 박사의 노력 없이는
이 책이 나오지 못했을 것이다.

팩트의 편집 팀이
이 책에 대해 내가 바라는 바를 지지하고 지원해 주어 감사하다.
그들과 헌신적으로 열심히 일해 준 검토자들이 있어서
이런 책들이 나올 수 있다.

또한 론다와 내 아이들, 어머니로 이뤄진 우리 집의 지원팀에도
고마움을 전한다.

## 감수자

**마이클 오크스(Michael Oakes)**는 IT 업계에서 18년이 넘게 근무했으며 웨스트민스터 대학교를 나왔고 유니티 인증 개발자 과정을 거쳤다.

그는 현재 캐나디안이라는 모바일 회사와 자신의 회사인 카누키 솔루션스에서 증강/가상 현실 자문가 및 인공지능 개발자로 일하면서 주문형 증강/가상 현실용 애플리케이션과 인공지능 애플리케이션을 개발한다. 영국 그림스비 출신으로, 그는 부인인 카미유 그리고 고양이 두 마리(폴과 새미)와 함께 캐나다 캘거리에 살고 있다.

**캐시 쿠프(Casey Cupp)**는 풀 스택 기술을 사용해 고객 기반 문제를 해결하는 데 집중하는 소프트웨어 개발자이다. GIS 및 머신러닝 기술 활용에 중점을 두고 다중 계층 데이터 응용 프로그램의 지속 가능한 개발에 참여했다. 석유/가스 데이터 관리 업계에 속한 페트로웹의 수석 개발자이며 기상 정보 재판매업 분야의 머신러닝 스타트업인 세일즈 템퍼러춰의 선임 개발자이다.

## 역자 서문

인공지능, 머신러닝, 딥러닝이 대세가 된 시대다. 이러한 시대를 아우르는 흐름에 게임업계도 예외가 될 수는 없다. 유니티는 이러한 경향을 간파하고 서둘러 머신러닝 기능을 유니티에 내장했다. 그게 ML-Agents이다. 아직은 초기 수준에 머무르고 있지만 이것만으로도 대단한 일이 벌어질 것으로 예상한다. 발전할수록 그 대단함이 더할 것이다.

우선 게임이 더 재미있어질 것이다. 단조로웠던 게임 내 캐릭터가 복잡하게 반응할 수 있게 됨으로써 마치 현실 세계와 같은 느낌을 받게 할 수 있기 때문이다. 유니티로 시뮬레이션을 하는 일이 많아질 것이다. 시뮬레이션에 쓰이는 오브젝트들이 저마다 지능을 갖추게 되면 단순한 물리 법칙이나 수학 공식 또는 통계학을 바탕으로 하고 단순했던 머신러닝 알고리즘(예를 들면 A*)에 맞춰 움직일 때보다 훨씬 지능적으로 움직이게 되며, 이에 따라 현실에 더욱 가까운 시뮬레이션을 할 수 있을 것이기 때문이다. 그 밖에도 이런저런 일들이 많이 벌어질 것이다. 단순한 게임 성능 향상을 넘어서는 현상들이 드러날 것이다. 이 책은 그러한 미래상을 미리 볼 수 있게 해 준다.

이 책에 나오는 코드를 실행하려면 반드시 (운영체제로 윈도우를 쓴다면) 윈도우 10이 필요하다. 그리고 유니티 2018, 파이썬 3.5, matplotlib 2.2.3, 텐서플로 1.4.0, ML-Agents 0.3.0이어야 한다. 이 점을 유념해야 한다. 버전이 맞지 않으면 아예 실행이 되지 않거나 여러 가지 오류가 발생한다. 이와 같은 내용이 책의 본문에도 나와 있는데, 이 점을 간과하고 나름대로 다른 버전을 설치해 사용할 가능성이 있어서 여기에서 특별히 언급해 두었다. 각 버전 설치에 대해서는 책의 본문과 역주에 다 언급되어 있으니 설치 과정을 설명하는 해당 부분을 각기 참조하면 된다.

물론 이 책은 쉽지 않다. 이 책을 읽으려면 인공지능, 머신러닝, 딥러닝, 강화학습에 관한 선행지식이 어느 정도 필요하기 때문이다. 그러나 한편으로는 걱정할 게 없는 게 이 책에서 제시한 대로 따라해 가면서 그러한 선행지식을 익혀 나가면 된다. 어떤 면에서는 이 책이 인공지능 등을 모르는 사람에게 인공지능을 익혀 나가는 줄기 같은 역할을 할 수도 있겠다는 생각이 든다. 이 책이 줄기라면 인공지능, 머신러닝, 딥러닝, 강화학습은 이파리일 것이다. 줄기를 잡고 이파리를 하나씩 채워 나갈 수 있게 하는 책이다.

역자는 이렇게 이파리를 채우지 않은 상태에서도 이 책의 내용을 잘 파악할 수 있게 상당한 역주를 달았다. 역주를 보면서 ML-Agents를 더 잘 이해한 후에 이파리를 채워 나가기 바란다.

이 책의 번역을 맡겨 준 출판사, 그리고 그 밖의 일로 애써 준 모든 분들께 감사드린다.

2018년, 박진수(arigaram@daum.net)

## 02

**밴딧과 강화학습**

# 03

**파이썬을 이용한
심층강화학습**

# 04

## 더 깊은
## 딥러닝 속으로

## 06

다시 만들어 보는 테라리엄 –
다중 에이전트 생태계

## 서문

머신러닝(machine learning, ML, 기계학습)은 인류를 충격에 빠뜨리는 차세대 기술 물결로 묘사되며, 이는 전기가 그랬던 점과 비슷하다. 이런 주장이 대담한 것이기는 해도, 이 두 기술을 어느 정도는 서로 비교해 볼 수 있다. 한 가지는 전기를 사용하기 위해서 전기의 내부 작동까지 이해하지 않아도 된다는 점과, 이런 측면을 어떤 식으로든 머신러닝과 많은 고급 개념에도 적용할 수 있다는 점이다. 전구를 잘못된 곳에 꽂으면 전구가 작동하지 않고 상처까지도 입을 수 있는데, 이 비유는 머신러닝에도 동일하게 비유된다. 여러분이 자신을 머신러닝인(-人) 즉, 머신러닝 전문가라고 부르려면(여러분이 이렇게 불리기를 원한다면) 아직도 지식을 충분히 더 쌓아야 하므로, 여러분에게 깊이 있는 지식을 제공하는 것을 이 책의 목표로 삼았다. 그런데 머신러닝 분야가 넓어졌으므로 이 책에서는 심층강화학습(deep reinforcement learning, DRL)을 유니티 ML-Agents의 형태로 응용하는 데만 집중한다. 심층강화학습은 현재 많은 분야에서 로봇 및 시뮬레이션 에이전트(agent)[1]를 개발하는 데 있어서 가장 중요한 주제인데, 유니티 플랫폼의 기능을 훌륭하게 보강하는 게 확실하다.

## 대상 독자

이 책은 잘 작동하고 재미있는 몇 가지 특정 머신러닝 기술을 실용적으로 소개받기를 바라는 모든 이를 위한 책이다. 이 책에서는 몇 가지 매우 고급스러운 주제를 다루기는 하지만 고등학교 수준의 수학을 알고 있고 인내심도 있고 C#을 이해하는 사람이라면 모든 예제를 해결할 수 있다. 우리는 파이썬을 작성한 예제 코드를 사용하고 대부분의 훈련 시에도 파이썬을 사용하기는 하지만, 파이썬 언어를 피상적으로 알고 있기만 해도 된다.

---

1 (옮긴이) 게임 속 환경(environment), 즉 세계(world) 속에서 활동하는 캐릭터 또는 NPC를 나타내는 말이다. 정보통신 분야 및 게임 분야에서는 '에이전트'라고도 부르는 경향이 있지만, 그 개념을 잘 나타내는 '행위자'라고도 부른다. 무언가를 대신해 행위를 하는 주체라는 뜻이다. 그러므로 ML-Agents는 '머신러닝 행위자'라는 뜻을 지닌 유니티의 상표다. 다만 유니티 코리아의 선전 동영상을 보면 '머신러닝 에이전트'라고 부르고 있다는 점도 생각해 두기 바란다.

## 이 책에서 다루는 내용

*1장, '머신러닝 및 ML-Agents 소개'*에서는 머신러닝의 기본 사항을 다루고 유니티 안에 들어있는 ML-Agents 프레임워크를 소개한다. 이번 장에서는 기본적으로 환경(environment)[2]을 구성하지만, 유니티와 ML-Agents에 초보인 사람에게는 반드시 필요한 장이다.

*2장, '밴딧[3] 및 강화학습'*에서는 멀티암드 밴딧 문제와 상황별 밴딧 문제로부터 새로 파생된 연결 밴딧 문제에 이르기까지 강화학습을 가르치는 데 사용되는 많은 기본 문제와 해법을 소개한다.

*3장, '파이썬을 이용한 심층강화학습'*에서는 시스템에서 사용할 수 있는 파이썬 도구 모음을 탐색하고 해당 도구들을 설치해 설정하는 방법을 설명한다. 그런 다음, 간단한 강화학습 예제를 작성하기 전에 신경망 및 딥러닝의 기본 사항을 설명한다.

*4장, '더 깊은 딥러닝 속으로'*에서는 외부 파이썬 훈련기(trainer)[4]를 사용할 수 있게 ML-Agents를 설정한 후에 재미있고 강력한 에이전트를 만들어 문제를 탐색하고 해결하는 방법을 배우게 된다.

*5장, '게임하기'*에서는 ML-Agents란 유니티에서 게임과 시뮬레이션을 만드는 게 전부라고 설명한다. 따라서 이번 장에서는 실제 게임이나 시뮬레이션에서 에이전트와의 훈련 및 상호작용을 위한 다양한 놀이 전략에 중점을 둘 것이다.

*6장, '다시 만들어 보는 테라리엄 – 다중 에이전트 생태계'*에서는 이전에 테라리엄이라는 이름으로 개발된 코딩 게임을, 조그만 생태계에 살고 있는 자체 학습 에이전트를 만들기 위한 방법으로 여겨 다시 살펴본다. 상호작용하는 다중 에이전트를 사용해 우리는 게임이나 시뮬레이션을 구축하는 일에 게임 규칙이 어떻게 적용되는지를 배운다.

---

2 (옮긴이) 즉 세계(world).

3 (옮긴이) 산적(bandit)에 비유되는 슬롯머신을 지칭하는 말이다. 머신러닝, 딥러닝, 강화학습 관련 서적에서 '밴딧'이라고 부르기도 하지만 앞으로 보게 될 탐욕 알고리즘(greedy algorithm)을 포함한 관련 용어들을 정확히 이해하려면 밴딧을 산적이라고 부르는 게 더 적합하다. 또한 외국인들이 '산적 같은 놈'이라는 뜻으로 쓰는 구어체이기도 하므로 산적이라는 말이 적당하다. 이 산적이 슬롯머신에서 최대한 돈을 뽑아 내려고 탐욕을 부리는 상황을 가정하고 강화학습 알고리즘을 설명하기 때문에도 산적이라는 말이 어울린다. 그럼에도 불구하고 머신러닝 분야에서는 산적에 비유되는 이 슬롯머신 모델을 '밴딧'이라고 부르는 경향이 있다. 이 책에서도 이 점을 고려해 모두 '밴딧'으로만 표현했다.

4 (옮긴이) 훈련장비 정도의 개념이지만, 장비는 하드웨어와 관련된 개념으로 받아들이기 쉬우므로, 군대 등에서 사용하는 훈련기라는 어휘를 차용했다. 운동 분야에서는 트레이너라고 지칭하기도 하지만, 그와 같은 역할과는 다른 면이 있어서 트레이너라는 말을 사용하지 않았다.

## 이 책을 최대한 활용하려면

이 책을 살펴보는 동안에 여러분을 더 성공하게 하는 도구 및 출처를 간단히 나열하면 다음과 같다.

- **컴퓨터**: 유니티가 데스크톱 컴퓨터 정도는 되어야 실행되는 것이기는 하지만, 모든 예제는 최저가형 머신에서도 돌아갈 정도로 기본적이다. 유니티를 실행하는 데 필요한 최소 요구 사항에 대해서는 유니티 설명서에서 확인하라.

- **인내**: 에이전트를 몇 시간씩 훈련해야 할 수도 있으므로 기다릴 줄 알아야 한다. *"여러분의 인내심이 보상받을 것 – 알톤 브라운(Alton Brown)"*이라는 격언을 기억하라. 머신이 좋을수록 기다리는 시간도 줄게 되므로 성능 좋은 컴퓨터를 갖추는 게 좋은 방법이 될 수도 있기는 하다.

- **GPU**: 컴퓨터에 텐서플로(TensorFlow) 실행을 지원하는 GPU가 없더라도 걱정하지 않아도 된다. GPU 없이도 예제를 실행할 수 있다. 그래도 컴퓨터에 장착해 두고 있다면 더 좋다.

- **고등학교 수준 수학**: 잊혀 가던 학문을 다시 복습하고 싶다고 해도 기초 통계학, 대수학, 그리고 기하학 정도로 충분해야 한다. 여러분이 직접 앱을 개발할 때 수학을 더 잘 이해하고 있다면 보탬이 된다.

- **프로그램 작성**: C#의 기초 정도는 이해해 둬야 한다. 유니티와 파이썬도 알고 있다면 도움이 되겠지만, 이 두 가지는 예제를 실행하는 데 반드시 필요하지는 않다.

## 예제 코드 파일 내려받기

이 책의 예제 코드 파일을 www.packtpub.com의 계정에서 내려받을 수 있다. 이 책을 다른 곳에서 구입한 경우 www.packtpub.com/support를 방문한 다음에 등록하면 파일을 이메일로 받아 볼 수 있다. 그리고 위키북스 사이트인 www.wikibook.co.kr에서도 파일을 내려 받을 수 있다.

다음 절차를 따르면 코드 파일들을 내려받을 수 있다:

1. www.packtpub.com에 로그인하거나 등록한다.

2. SUPPORT<sup>지원</sup> 탭을 선택한다.

3. Code Downloads & Errata<sup>코드 내려받기 및 정오표</sup>를 클릭한다.

4. Search<sup>검색</sup> 상자에 책의 이름을 입력하고 화면의 지시를 따른다.

파일을 내려받고 나면 다음에 나오는 것들의 최신판을 사용해 폴더의 압축을 해제해야 한다는 점, 즉 폴더를 풀어야 한다는 점에 유념하라:

- 윈도우용 WinRAR/7-Zip

- 맥용 Zipeg/iZip/UnRarX

- 리눅스용 Zip/PeaZip

책의 코드 묶음은 https://github.com/PacktPublishing/Learn-Unity-ML-Agents-Fundamentals-of-Unity-Machine-Learning이라는 주소에 있는 깃허브에서도 내려받을 수 있다. 코드를 업데이트하는 경우에는 기존 깃허브 저장소에서 업데이트한다.

우리는 https://github.com/PacktPublishing/에서 볼 수 있는 다양한 도서 및 영상을 소개하는 내용에 나오는 그 밖의 코드 묶음들도 보유하고 있다. 한번 살펴보기 바란다!

## 컬러 이미지 내려받기

또한 이 책에서 사용된 화면과 도형의 컬러 이미지가 있는 PDF 파일을 제공한다. 다음 주소에서 내려받을 수 있다: https://www.packtpub.com/sites/default/files/downloads/LearnUnityMLAgentsFundamentalsofUnityMachineLearning_ColorImages.pdf.

## 사용된 규칙

이 책 전체에 사용된 많은 글자 표기 규칙이 있다.

**본문 내 코드**: 코드를 나타내는 본문 내 단어, 데이터베이스 테이블 이름, 폴더 이름, 파일 이름, 씬 이름, 파일 확장명, 경로 이름, 더미 URL, 사용자 입력 및 트위터 핸들을 나타낸다. 다음은 그 예이다: "이 명령은 [-n] mlagents라는 이름으로 된 3.5판 파이썬 환경을 새로 만든다."[5]

---

**5** (옮긴이) 유니티 게임 엔진에 속한 화면 외의 것을 이 서체로 표시했다. 창, 오브젝트, 컴포넌트 등이 그러한 예이다.

**코드 블록**: 다음 서체를 사용한다.

```
void Defend()
{
    currentAction = "Defend";
    nextAction = Time.timeSinceLevelLoad + (25 / MaxSpeed);
}
```

**명령 행 입력 또는 출력**: 다음 서체를 사용한다.

```
conda activate ml-agents
```

**굵은 글씨**: 새 용어나 중요 단어 또는 화면에 표시되는 단어를 나타낸다.[6] 예를 들어 메뉴나 대화 상자의 단어가 이와 같이 본문에 나타난다. 다음은 그 예이다. "**System info**를 **Administration** 패널에서 선택하라."

 경고 또는 중요한 알림을 표시

 팁 또는 트릭을 표시

---

6 (옮긴이) 새 용어나 중요 단어가 화면이나 화면 외의 것이 섞여 있어 혼동될 수 있으므로, 번역서에는 유니티 게임 엔진에 속한 화면의 것만 강조 처리했다. 폴더, 파일, 스크립트, 클래스, 메서드, 함수, 변수 등이 그러한 예이다.

# 01

# 머신러닝 및 ML-Agents 소개

주변을 둘러보면, 학습과 지성에 대한 우리의 인식은 새롭고 신기한 기술의 출현으로 매일 도전받고 있음을 알 수 있다. 자율주행 자동차에서부터 바둑과 체스를 두는 일과 고전적인 아타리 게임에서 인간을 상태로 이길 수 있는 컴퓨터에 이르기까지 우리가 머신러닝(machine learning)[1]이라고 부르는 기술 군(群, group)의 출현이 새로운 기술 발전 시대를 지배하게 되었다. 이 시대는 전기 발견과 같은 중요성과 비교되어 왔으며 이미 차세대 인류 기술로 분류되었다.

이 책에서는 유니티에서 ML-Agents 플랫폼을 사용해 보는 방식으로, 이 새로운 시대의 아주 작은 단편을 재미있고 유익한 방식으로 소개한다. 우리는 제일 먼저 머신러닝 및 ML-Agents의 기본 사항을 살펴본다. 그런 다음 훈련(training)[2]을 설명하고, 구체적으로는 강화학습(reinforcement learning) 및 Q 학습(Q learning)[3]을 설명한다. 그 다음에는 케라스(Keras)[4]를 사용해 신경망을 구축하는 방법을 학습하고 이를 바탕으로 심층 Q 신경망(deep Q-network)[5]으로 나아갈 것이다. 여기에서 다양한 훈련 전략으로 심층 Q 신경망을 개선할 수

---

**1** (옮긴이) 전에는 보통 '기계학습'이라고 불렀지만, 최근에는 '머신러닝'으로 표기가 통일되어 가는 추세다. 그러므로 오래 전 참고문헌이 필요하다면 '기계학습'으로도 검색해 보라. 이 머신러닝 관련 기술은 무척 많다. 그래서 '기술 군'이라고 표현해도 무방할 정도다. 그리고 각 기술은 여러 가지 알고리즘으로 구현되어 있다.

**2** (옮긴이) 이 책에서 저자는 '훈련'을 '학습'과 같은 의미를 지닌 말로 사용하면서도 한 편으로는 학습 과정 중의 한 단계를 지칭하기도 한다. 반면 대다수 머신러닝 관련 도서 및 논문에서는 '훈련'을 '학습' 중 한 과정으로만 여긴다. 이 점을 주의하자.

**3** (옮긴이) 즉, '큐 학습'.

**4** (옮긴이) 텐서플로와 같은 기반 라이브러리를 사용하기 쉽게 포장한 래퍼(wrapper, 포장재) 라이브러리이다. '인공지능 대중화'를 목표로 개발되어서 쉽게 딥러닝 신경망을 구축할 수 있다. 케라스에 관한 다양한 서적이 출간되어 있으므로, 이 책을 학습할 때 먼저 읽어 두면 이 책의 내용을 이해하기 쉬울 것이다.

**5** (옮긴이) '딥 Q신경망', '심층 Q신경망', '깊은 Q신경망' 등으로 다양하게 번역되어 불리고 있다.

있는 다양한 방법을 살펴볼 것이다. 이렇게 함으로써 에이전트가 더 복잡한 게임을 하도록 훈련하는 첫 번째 예가 되게 했다. 마지막으로 에이전트끼리 서로 경쟁할 수 있게 하는 다중 에이전트(multi-agent) 예제를 살펴보겠다.

머신러닝은 광범위한 주제여서 제대로 익히려면 확실히 수 년은 걸릴 것이다. 그러므로 여러분이 확실히 알아 둬야 할 모든 것을 이 책에서 다 배울 수는 없다. 이 책은 복잡하고 쩔쩔매게 하는 주제를 재미나게 소개하는 데만 집중한다. 우리는 특정 기술이나 배경을 더 배울 수 있게 그 밖의 영역으로도 진출해 볼 수 있는 길을 제시할 것이다.

첫 번째 장에서는 머신러닝 및 ML-Agents를 조금씩 소개해 나간다. 이번 장에서 다룰 내용은 다음과 같다.

- 머신러닝
- ML-Agents
- 예제 실행
- 환경 구성
- 아카데미, 에이전트, 브레인

이제 착수해 보자. 다음 단원에서는 머신러닝이 무엇인지와 이 책에서 중점적으로 다룰 머신러닝의 특정 측면이 무엇인지를 소개할 것이다.

최신판 유니티를 아직 설치하지 않았다면 내려받아 설치하라(https://unity3d.com/). 최신판 소프트웨어가 설치되어 있는지 확인하고, 베타 버전을 사용하지 마라. 이 책에서는 개인용 버전을 사용하겠지만 그 밖의 모든 유니티 버전도 잘 작동한다.

# 머신러닝

게임과 시뮬레이션 분야에서 인공지능 기술은 더 이상 낯설지 않으며, 유니티 개발자는 많은 애셋을 동원해 시뮬레이션을 한 기계 지능을 제공할 수 있다. 이러한 기술로는 행동 트리(behavior trees), 유한 상태 기계(finite state machine), 탐색 메쉬(navigation meshes), 에이 스타(A*) 및 게임 개발자가 지능을 시뮬레이션하는 데 사용하는 기타 휴리스틱 기법과 같은 콘텐츠가 포함된다. 그런데 왜 많은 인공지능 기술 중에 하필이면 머신러닝이어야 하며, 왜 하필 지금인가? (어쨌든 신경망과 같은 기본 머신러닝 기법 중 많은 부분이 이전에 출시되었던 게임에서 사용된 적이 있으므로, 우리는 이 책의 뒷부분에서 이것들을 사용해 보기는 할 것이다.)

그 이유는 학계와 업계가 인공지능과 머신러닝에 대한 아이디어와 연구를 공유할 수 있도록 연구를 장려하는 조치인 오픈AI(OpenAI)[6] 때문일 것이다. 이로 인해 연구를 위한 새로운 아이디어와 방법 및 영역이 폭발적으로 늘어났다. 이는 게임과 시뮬레이션 속에서 더 이상 지능이 있는 것처럼 속이거나 지능을 흉내 내지 않아도 된다는 점을 의미한다. 이제 우리는 자신들이 처한 환경 속에서 스스로 학습하면서 자신들을 만든 인간이라는 건축자를 이기는 법까지 학습하는 에이전트를 만들 수 있다.

머신러닝은 인공지능을 구현하는 여러 가지 방식 중 하나이다. 컴퓨터가 데이터(data) 즉, 상태(state)를 동화(assimilate)시키며 학습(learning)한 해법(solution) 즉, 응답(response)을 제공하는 방법이다.[7] 우리는 종종 인공지능을 "똑똑한(smart)" 시스템을 반영하는, 더 넓은 뜻을 지닌 용어로 생각한다. 예를 들어, 게임에 전반적으로 쓰이는 인공지능 시스템은 더 풍부하고 더 예측하기 어려운 인공지능을 모방하기 위해 행동 트리같이 더 고전적인 인공지능과 결합된 머신러닝 도구를 통합할 수 있다. 우리는 시스템을 지칭할 때는 인공지능(artificial intelligence, AI)이라는 말을 사용하고, 구현을 지칭할 때는 머신러닝(machine learning, ML)이라는 말을 사용할 것이다.

---

6 (옮긴이) 이 주제에 관심이 있다면 일단 https://ko.wikipedia.org/wiki/오픈AI라는 주소로 들어가 관련 문서를 읽어 보기 바란다. 그리고 오픈AI의 웹 사이트 주소는 https://openai.com/이다.

7 (옮긴이) 이 문장에 영어를 많이 병기한 이유는 이 문장에 나오는 각 용어가 이 책 전반에 걸쳐서 매우 중요한 의미를 지니고 있기 때문이다. 이 문장을 유념해 두면 나중에 나오는 내용들을 이해하기 쉽다.

## 훈련 모델

머신러닝에서는 데이터, 즉 상태를 분석하고 훈련된 응답을 제공하기 위해 다양하게 훈련하기 때문에 머신러닝[8]이란 말은 적절하게 지어진 것이다. 이러한 머신러닝 기법들을 언급해 둘 만하데 그 중에서도 우리는 현재 잘 나가는 한 가지 학습 기법에 초점을 맞출 것이다. 그렇게 하기 전에 우리는 먼저 다음 장에서 머신러닝에서 자주 볼 수 있는 세 가지 훈련 유형을 분석해 보려고 한다.

- **비지도 훈련(unsupervised training)[9]**: 이 훈련 기법에서는 자체적으로 데이터셋을 검사하고 분류 작업을 수행한다. 분류는 특정 측정 기준(metrics)[10]을 기반으로 할 수 있으며 훈련 자체에서 발견할 수 있다. 사람들은 대체로 모든 인공지능 즉, 머신러닝이 이런 방식으로 작동한다고 생각하겠지만, 물론 그렇지 않다.
  - ESRI는 GIS 소프트웨어 및 데이터의 주요 매핑 제공 업체로 **태피스트리(Tapestry)**라는 인구 통계학적 데이터셋을 제공한다. 이 데이터셋은 미국 인구통계 데이터와 그 밖의 출처에서 가져온 데이터를 조합해 파생한 것이다. 비지도 훈련 방식에 따라 데이터를 68개 소비자 부문으로 분류하는 머신러닝 알고리즘을 통해 처리된다. 태피스트리 데이터가 무료는 아니지만, 소비자용 애플리케이션이나 소매 업무용 애플리케이션에 쓸 머신러닝을 구축하려는 모든 사람들에게 매우 중요하다.

- **지도 훈련(supervised training)[11]**: 데이터 과학 분야의 머신러닝 방법 중 대다수가 예측 또는 분류를 수행하는 데 사용하는 일반적인 훈련 기법이다. 이는 입력 및 출력 데이터에 레이블(label)[12]을 지정해야 하는 훈련 유형이다. 따라서 모델을 제작하려면 훈련 데이터셋이 필요하다. 종종 특정 머신러닝 기법에 따라서는 데이터가 엄청나게 많이 필요해질 수 있다.
  - **구글 인셉션(Google Inception)**은 무료로 사용할 수 있는 이미지 분류 머신러닝 모델이다. 수백만 개 이미지를 사용해 훈련함으로써 다양하게 분류할 수 있게 훈련된 모델이다. 인셉션 모델은 모바일 장치에서도 실시간으로 이미지를 분류할 수 있을 정도로 충분히 작다.

---

8  (옮긴이) machine learning은 '학습하는 기계' 또는 '기계가 학습하는 일'이라는 뜻이다. 이는 곧 '훈련받는 기계(machine training)'라는 뜻이기도 하다. 예전에는 '기계 학습'이란 용어가 자주 쓰였다.

9  (옮긴이) 즉, '비교사 학습' 또는 '비지도 학습' 또는 '비감독 학습' 또는 '자율 학습'이라고도 부른다. 참고로 저자는 이 책에서 훈련(training)과 학습(learning)이라는 개념을 혼용하고 있지만 엄밀하게는 훈련은 학습 과정 중 하나일 뿐이다. 훈련이라는 개념의 외연이 더 좁지만, 여기서 저자는 훈련을 학습이라는 말 대신에 쓰고 있다. 그러므로 '비지도 학습'을 지칭하고 있다고 이해하는 게 바람직하다.

10  (옮긴이) 통계학 용어로는 '측도' 또는 '계량'에 해당하는 말이고, 일반적으로 '척도'라고 번역되는 용어이고, 정보통신 분야에서는 그냥 '메트릭'이라고 지칭하는 용어이기도 한데, 이 책에서는 통계학 비전공자도 이해하기 쉽게 '측정 기준'이라는 말로 바꿨다.

11  (옮긴이) 즉, '교사 학습' 또는 '지도 학습' 또는 '감독 학습'이라고도 부른다. 지도 훈련이라는 말이 '지도 학습'을 지칭한다고 보는 게 타당하다.

12  (옮긴이) 그림이나 데이터 항목을 설명하는 이름과 같은 것. 태그(tag)나 명칭(name)이라고도 부른다.

- **강화학습(reinforcement learning)**: 강화학습은 제어 이론에 기초한 것으로서 환경에 대한 초기 상태나 모델 없이 학습하는 기법을 제공한다. 환경을 모델링하거나 지도 훈련에 종종 요구되는 지루한 데이터 레이블 달기를 수행할 필요가 없기 때문에 강화학습이라는 개념은 강력하다. 대신, 에이전트는 환경 속에서 모델링되고 그들의 행동(actions)을 기준으로 보상(rewards)을 받는다. 물론 이 말이 고급 훈련 기법에 함정이나 좌절이 없다는 의미를 지닌 것은 아니다. 강화학습에 대한 자세한 내용은 *2장, '밴딧과 강화학습'*에서 배우기 시작한다.
  - 딥마인드(DeepMind)는 고전적인 아타리 2600(Atari 2600) 게임에 강화학습 기법을 적용해 해당 게임 자체를 인간보다 게임을 더 잘하는 로봇으로 만들었다.

- **모방 학습(imitation learning)**: 바람직한 행동을 보여주면 그것을 에이전트가 모방하는 식으로 훈련하는 기술이다. 강력한 기술이며 많은 응용 프로그램이 있다. *4장, '더 깊은 딥러닝 속으로'*에서 이러한 훈련 유형을 연구할 것이다.

- **커리큘럼 학습(curriculum learning)**[13]: 문제를 복잡도에 따라 쪼개서 처리하는 진일보한 학습 형태로, 에이전트 또는 머신러닝이 차원 높은 활동으로 이동하기 전에 각 수준의 복잡성을 극복할 수 있게 한다. 예를 들어, 웨이터 에이전트는 먼저 쟁반의 균형을 잡은 다음, 음식이 담긴 접시를 쟁반에 놓고, 쟁반과 음식을 지닌 채 걸은 다음, 마지막으로 음식을 식탁에 전달해야 한다. *5장, '게임하기'*에서 이런 훈련 유형을 탐구할 것이다.

- **딥러닝(deep learning)**[14]: 딥러닝은 다양한 형태의 내부 훈련 메커니즘을 사용해 다층 신경망을 훈련한다. *3장, '파이썬을 이용한 심층강화학습'*에서 신경망과 딥러닝에 더 많은 시간을 할애할 것이다.

여러분이 머신러닝이라는 말과 학습하는 사물을 의미하는 에이전트라는 말을 서로 바꿔 쓸 수 있다는 점을 이미 눈치챘을지도 모르겠다. 지금 이러한 용어들이 내포된 사물들을 생각해 보는 게 좋다. 이번 장의 뒷부분에서는 에이전트와 에이전트의 브레인(brain, 두뇌), 즉 머신러닝의 차이를 구분하기 시작한다. 지금은 기본 개념으로 돌아가서 다음 절에서 간단한 머신러닝 예제 한 개를 살펴보자.

---

13 (옮긴이) 표본 데이터셋을 무작위로 제공하지 않고 커리큘럼(즉, 교수/학습 과정)을 편성하듯이 쉬운 것부터 어려운 순서로 정리해 제공함으로써 더 잘 훈련되게 하는 학습 알고리즘이다.

14 (옮긴이) '심층 학습' 또는 '깊은 학습'이라고도 부른다. 학습에 사용되는 신경망 계층이 많기(즉, 깊기) 때문에 붙은 이름이다. 다른 학습 방식과 달리 원어를 그대로 차용한 '딥러닝'이라는 말로 더 널리 알려져 있다는 점을 반영해 이 책에서도 '딥러닝'이라고 번역했다.

## 머신러닝 예제

앞서 나온 여러 개념 중 일부를 실용적인 방법으로 설명하기 위해 머신러닝을 사용해 게임 문제를 해결하는 예제 시나리오를 살펴보자. 게임 속에서 우리는 물리 기반 세계에서 특정 속도로 발사체를 쏘는 대포를 가지고 있다고 하자. 이 게임의 목적은 특정 사거리에 있는 목표물을 타격할 **발사 속도(velocity)**를 선택하는 것이다. 우리는 이미 다음 화면과 같이 대포를 열 번 쏘고 그 결과를 테이블과 차트에 기록했다.

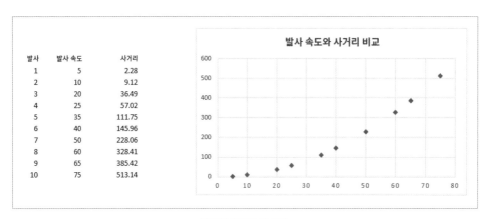

대포 발사 기록 및 차트

데이터에 이미 레이블이 지정되어 있으므로 이 문제는 지도 훈련에 적합하다. 우리는 특정 거리에서 목표물을 타격하는 속도를 예측할 수 있는 모델을 제공하기 위해 선형 회귀(linear regression)라는 아주 간단한 방법을 사용한다. 마이크로소프트 엑셀에서는 다음과 같이 추세선을 추가해 차트에서 선형 회귀를 신속하게 모델링할 수 있는 방법을 제공한다.

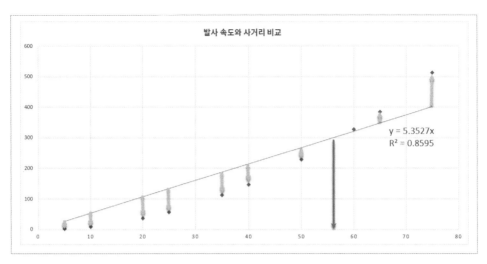

추세선에 적용된 선형 회귀

엑셀에서 제공하는 이 간단한 기능을 사용하면 데이터를 재빨리 분석한 다음 해당 데이터에 가장 적합한 방정식을 알아낼 수 있다. 자, 이것이 데이터 과학(Data Science)의 기초적인 예인데, 데이터를 기반으로 복잡한 환경을 예측하는 일에 쓰이는 이러한 방법을 여러분이 쉽게 사용할 수 있게 되기를 바란다. 선형 회귀 모형이 우리에게 해답을 제공할 수는 있지만, 분명히 우수한 것은 아니며 $R^2$은 이를 반영한다. 우리의 모델에는 비선형(nonlinear) 문제를 푸는 일에 선형(linear) 모델을 사용한다는 문제점이 있다. 이러한 측면은 점들에 화살표가 표시되는 식으로 반영되는데, 여기서 거리는 추세선의 오차량을 보여주는 것이다. 머신러닝 기법을 사용하는 우리의 목표는 오차(error)를 최소로 만드는 해법, 즉 가장 적합한 해를 찾는 데 있다. 대체로 머신러닝이란 값이나 행동을 가장 잘 예측하거나 분류하는 방정식을 찾는 일이라고 말할 수 있다.

우리의 이전 질문으로 돌아가면 다음 방정식과 같이 간단한 대수학을 푸는 방식처럼 값을 대입함으로써 속도를 알아낼 수 있다:

$$d = 5.3527v$$

여기서 $d$ = 거리, $v$ = 속도이다:

$$v = d/5.3527$$
$$v = 300/5.3527 = 56.05$$

우리의 최종 답은 56.05가 되겠지만, 이미 언급했듯이 모델이 완벽할 정도로 정확한 것이 아니므로 우리는 여전히 정답을 놓칠 수 있다. 그런데 그래프를 보면 오차들이 약 300 정도인 거리로 최소화되는 것으로 나타난다. 그래서, 우리의 특정한 예제에서 우리 모델은 잘 적합(fit)[15]된다. 그렇지만 그래프를 자세히 보면 약 100인 거리에서 오차가 상당히 많이 발생하고 목표물을 타격할 가능성이 거의 없음을 알 수 있다.

$R^2$, 즉 R 제곱(R suqard)[16]은 0과 1 사이의 오차 값이며 1이 가장 높거나 가장 적합(best fit, 최량적합)한 값이다. $R^2$은 적합도 품질을 요약하는 데 사용한다. 어떤 경우에는 이게 잘 들어맞지만, 다른 경우에는 그 밖의 적합도 측정 방법이 더 잘 들어 맞기도 한다. 우리는 적합도 품질을 측정하는 다양한 방법을 사용하겠지만 각 개념은 서로 비슷하다.

방금 살펴본 예제는 매우 간단하며 고도 차이나 이동 속도 등과 같은 그 밖의 많은 요인을 고려하지 않았다. 이러한 입력 내역들도 추가하려면 테이블에 열(column)을 추가하면 된다. 새로운 열은 각기 데이터 공간(data space)을 늘려 결과적으로 모델의 복잡성을 늘린다. 곧 보게 되겠지만, 테이블에 열을 추가할수록 우리가 구현하려는 모델이 빠르게 커지게 되는데, 이로 인해 모델이 오히려 실용적이지 않게 될 수 있다. 이것은 본질적으로 게임 인공지능을 구현하던 20세기 초에 게임 산업 분야에서 머신러닝 기술을 적용하면서 겪게 된 단점들이다. 감독 기반 모델(supervision-based models)[17]을 구현할 때 게임 산업 외 산업계에서도 직면하는 문제점이기도 하다. 즉, 지속적으로 데이터에서 **표본 재추출(resample)**을 하고 **레이블 재지정(relable)**을 해서 모델을 **재훈련(retrain)**해야 하는 문제가 있다는 이야기인데, 그렇기 때문에 강화학습 및 기타 학습 방식이 중요한 의미를 지니게 되는 것이다. 강화학습 및 기타 학습 방식에서는 환경에 대한 사전 지식이 없는 자율적인 에이전트, 즉 머신러닝이 성공적으로 탐색할 수 있는 학습 방법을 제공하기 때문이다.

---

**15** (옮긴이) 머신러닝의 목표는 데이터를 바탕으로 데이터에 잘 들어맞는(fitted) 근사 방정식을 찾는 데 있다. 이 과정을 적합화(fitting)라고 하고, 훈련 과정을 포함하는 학습 과정 전체는 이와 같은 적합화를 하기 위한 과정이다. 이 책에서 주로 다루는 심층강화학습이라는 학습 기법은 이러한 적합화 알고리즘 중의 하나일 뿐이며, 그 밖에도 다양한 알고리즘이 있으므로 '머신러닝'이나 '딥러닝'이라는 주제로 더 깊이 탐구해 보는 게 바람직하다.

**16** (옮긴이) 즉, 결정 계수.

**17** (옮긴이) 즉, 지도 학습 기반 모델.

# 게임에 사용되는 머신러닝

유니티 사는 머신러닝을 게임 인공지능으로만 사용하는 수준에 머무르게 하는 데 그치지 않고 제품의 모든 측면에 통합되게 하려는 생각을 품었다. 대다수 개발자가 게임에 머신러닝을 사용해 보려고 시도하지만 게임 개발 시에는 확실히 다음과 같은 영역에서 도움이 된다.

- **맵/레벨[18] 생성(map/level generation):** 던전(dungeons)[19]에서 현실적인 지형에 이르기까지 모든 것을 자동으로 생성하기 위해 개발자가 머신러닝을 사용한 사례는 이미 많이 있다. 이것을 제대로만 하면 게임에 무한한 재연성(endless replayability)[20]을 부여할 수 있지만, 개발하기에 가장 난해한 머신러닝 중 하나가 될 수도 있다.

- **텍스처/셰이더 생성(texture/shader generation):** 머신러닝의 관심을 끄는 또 다른 영역은 텍스처 및 셰이더[21] 생성이다. 이러한 기술은 고수준 생성적 적대 신경망(generative adversarial network, GAN)[22]의 관심을 불러일으켰다. 이 기술의 훌륭하고 재미있는 예가 많이 있다. 선호하는 검색 엔진에서 딥페이크(Deep Fake)[23]로 검색해 보라.

- **모델 생성(model generation):** 이 분야에서 몇 가지 프로젝트가 성사될 것으로 보이는데, 이러면 향상된 스캐닝과 자동 생성을 통해 3차원 오브젝트 구성을 크게 단순화할 수 있다. 또한 간단한 머신러닝 모델을 문장으로 서술하기만 하면 게임이나 다른 AR/VR/MR 응용 프로그램에서 실시간으로 머신러닝으로 구축해 준다고 상상해 보라.

- **오디오 생성(audio generation):** 오디오 효과음이나 음악을 즉석에서 생성하는 기술은 게임뿐만 아니라 다른 영역에서도 이미 효과를 발휘하고 있다. 게다가 머신러닝에서 개발한 게임에 맞는 맞춤 사운드트랙을 만들 수 있다고 상상해 보라.

- **인공 플레이어(artificial players):** 이것은 확장된 테스트 에이전트들로써, 또는 저수준 활동을 하는 플레이어를 참여시키는 방법으로써, 개발자는 자주 머신러닝 기능이 있는 인공 플레이어를 이용해 게임이 자체적으로 게이머 수준에 맞춰지게 한다. 게임이 아주 간단하다면 인공 플레이어는 각 게임 수준별로   자

---

**18**  (옮긴이) 즉, 게임 지도와 플레이어 등급.

**19**  (옮긴이) 즉, 괴물들이 사는 동굴.

**20**  (옮긴이) '무한한 재플레이 가능성'이라는 말이 더 이해하기 쉬울지도 모르겠다. replay를 게임 용어로는 재플레이라고 지칭하기도 하기 때문이다. 어쨌든 '무한 재연성'을 쉽게 설명하면 대지(terrain)나 던전의 맵이나 레벨이 무한히 자동으로 생성되는 성질을 의미한다.

**21**  (옮긴이) 즉, 질감과 그림자.

**22**  (옮긴이) 개념으로 보면 '생성적 대항 망'이 적절한 번역어이다. 이 신경망이 꼭 '적대적(아군은 살고 적군은 죽이는)' 행위를 벌인다기보다는 '대항적(아군과 적군 역할을 하는 대항군이 서로 힘을 겨룸으로써 서로 발전해 나가는)' 행위를 벌여 무언가를 생성해 나간다고 봐야 하기 때문이다.

**23**  (옮긴이) 생성적 적대 신경망을 사용해 어떤 동영상에 나오는 인물의 얼굴을 바꾼 사례다. '딥페이크'로 검색하면 관련 동영상과 자료를 쉽게 찾아볼 수 있다.

동으로 테스트를 하는 한 가지 방법이 될 수도 있다. *5장, '게임하기'*에서 머신러닝을 사용해 게임을 하는 예제를 살펴볼 것이다.

- NPC 또는 게임 인공지능(NPC or game AI): 현재, 행동 트리들의 형태로 기본 행동 지능을 모델링하기 좋은 패턴이 더 있다. 행동 트리나 다른 비슷한 패턴이 언제든 곧 사라지는 것은 아니지만, 예측할 수 없지만 멋진 행농을 실제로 할 수 있는 NPC를 모델링할 수 있다고 상상해 보라. 이것은 개발자뿐만 아니라 플레이어들까지도 자극하는 모든 종류의 가능성을 열어준다. *6장, '다시 만들어 보는 테라리엄 – 다중 에이전트 생태계'*에서 머신러닝을 사용해 행동 패턴을 모델링하는 방법을 살펴볼 것이다.

이 책에서는 인공 플레이어와 게임 인공지능에 관심을 기울일 텐데, 이는 이게 우리의 능력 범위 안에서 최대한 뻗어 나가 볼 수 있는 주제가 되는 경향이 있기 때문이다. 독자는 앞의 목록에서 언급한 그 밖의 영역도 스스로 조사하면서 자신의 프로젝트와 관련이 있을 때 검색해 보는 것이 좋다.

**데이터 과학(Data Science)**에 대한 강의를 듣거나 책을 읽거나 영상을 살펴보기를 적극 권장한다. 데이터 과학 분야는 알려진 데이터셋[24]에 머신러닝을 적용하는 훈련 방식 중에서 주로 지도 훈련 및 비지도 훈련을 다루는 분야이다. 그러나 데이터 스크러빙(data scrubbing)[25], 데이터 레이블링(data labelling)[26], 머신러닝 수학, 오차 계산 등을 배워야 하고 실제로 해 보아야 한다. 데이터 과학에 대한 배경 지식이 있으면 문제를 모델링하는 데 도움이 되고 문제가 예상대로 작동하지 않을 때에 존재할 법한 난해한 면을 발견하는 데도 도움이 된다.

머신러닝을 개관하는 일이 확실히 어떤 데이터 과학 과정에 견줄 수 있는 일은 아니지만, 어쨌든 우리는 바로 다음 단원에서 나머지 좋아 보이는 일에 착수해야 하므로, 해당 단원에서 유니티 ML-Agents[27]를 사용해 머신러닝을 개관하는 일에 착수하려고 한다.

---

**24** (옮긴이) '알려진 데이터셋'라는 표현은 널리 공유하는 데이터셋이라는 뜻이 아니라, 머신러닝에 사용할 수 있도록 미리 수집해 둔 데이터셋이 있다는 뜻이다. '알려지지 않은 데이터셋'이란 학습을 하는 중에 훈련용으로 쓸 데이터셋이 없다는 뜻으로, 이런 경우에 지도 학습이나 비지도 학습 방식을 적용하기 어려우므로 이럴 때 강화학습과 같은 해법이 필요하다.

**25** (옮긴이) 즉, 데이터 세척.

**26** (옮긴이) 데이터에 레이블 달기. 데이터의 각 특징(즉, 항목)에 이름표를 붙이는 일.

**27** (옮긴이) 유니티에서는 ML-Agents를 '머신러닝 에이전트'라고 부르기도 한다. 다만, 이 책에서는 ML-Agnets 그대로 표기해 그 밖의 머신러닝과 구별되게 했다.

## ML-Agents

이 책의 나머지 부분에서는 유니티와 함께 ML-Agents 플랫폼을 사용해 다양한 환경에서 플레이하면서 학습하게 하는 방법을 배우는 데 도움이 되는 머신러닝 모델을 구축할 것이다. 하지만 그렇게 하기 전에 깃(git)을 사용해 깃허브(GitHub)에서 ML-Agents 패키지를 가져와야 한다. 컴퓨터로 뛰어들어 명령 프롬프트 또는 셸 창을 열고 다음과 같이 따라하라:

 이전에 깃을 사용한 적이 없다면 https://git-scm.com/에서 설치부터 하라. 다음에 나오는 예제 및 이 책의 나머지 부분으로 진도를 나아가기 전에 깃부터 설치해야 할 것이다.

1. 여러분의 작업 폴더나 루트 폴더로 이동한다(윈도우에서는 C:\라고 가정한다).[28]

   C:\여러분의_작업_폴더_이름>cd\

2. 다음 명령을 실행하라:

   C:\>mkdir ML-Agents

3. 이 명령으로 ML-Agents 폴더가 생성된다. 이제 다음을 실행하라.

   C:\>cd ML-Agents
   C:\ML-Agents>git clone https://github.com/Unity-Technologies/ml-agents.git[29]

---

28  (옮긴이) 이 명령을 실행하기 전에 윈도우에서 명령 프롬프트를 먼저 열어야 한다. 윈도우 화면 하단 왼편에 있는 돋보기 모양(검색창)을 클릭한다. 그리고 검색창에 cmd라고 입력한다. 그러면 화면에 '명령 프롬프트'라는 아이콘이 나온다. 해당 아이콘을 클릭한다. 그러면 명령 프롬프트 창이 열린다. 여기서부터 명령을 입력하기 시작하면 된다. 참고로 이 책자에 나오는 사선 모양은 ₩ 모양과 같은 의미이다.

29  (옮긴이) 주의!!! 현재 이 명령을 실행하면 ML-Agents의 최신 버전(번역 시점에서 0.5.0버전)이 내려받아진다. 그러면 이 책에서 안내하는 대로 따라할 수가 없다. 그러므로 다음 순서대로 따라하라. 1. 먼저 현재 프롬프트 위치(C₩ML-Agents)에서 md ml-agents라는 명령을 타자한다. 그러면 C:₩ML-Agents₩ml-agents 꼴로 디렉터리(폴더)가 생긴다. 2. 브라우저를 열어 https://github.com/Unity-Technologies/ml-agents로 간다. 3. 화면 한 가운데의 '20 releases'와 같은 문구를 찾아 클릭한다(앞의 숫자는 다를 수 있음). 4. 바뀐 화면을 아래로 스크롤해서 ML-Agents Beta 0.3.0 부분을 찾는다. 5. 해당 부분에서 source code (zip) 부분을 클릭해 해당 버전 소스 코드를 내려받는다. 6. 내려 받은 파일의 압축을 해제한다. 7. 압축을 해제해서 나온 파일들을 앞의 1번에서 만든 디렉터리(폴더)로 모두 복사해 넣는다. 8. 여기까지 했으면 다시 본문 4번부터 따라하면 된다.

4. 깃을 사용해 ML-Agents에 필요한 파일을 ml-agents라는 새 폴더[30]로 가져온다. git은 파일을 폴더로 내려받으면서 해당 파일을 보여준다. 다음 명령으로 새로 생성된 폴더 (ml-agents)로 들어가 dir 명령을 실행하면 파일이 성공적으로 내려받아졌는지를 확인할 수 있다.

```
C:\ML-Agents>cd ml-agents
C:\ML-Agents\ml-agents>dir
```

5. 이 폴더에 파일이 있는지를 바로 확인하기 위해 이렇게 하는 것이다. 세부 내역은 나중에 살펴볼 생각이다.

잘했다. 그다지 어렵지 않았을 것이다. 코드를 내려받아오는 데 문제가 있다면 https://github.com/Unity-Technologies/ml-agents에서 깃허브의 ML-Agents 페이지를 방문해 코드를 수동으로 가져올 수 있다. 물론 우리는 더 많은 깃을 사용해 파일을 관리하고 가져오므로, 발생할 수 있는 문제를 해결해야 한다.

깃허브와 깃에 익숙하지 않다면 꼭 익숙해져야만 한다. 깃은 현재 소프트웨어 개발의 모든 영역에서 소스 관리 분야를 완전히 장악하고 있으며, 자신들만의 소스 관리를 포기한 마이크로소프트에서도 널리 사용할 정도이다. 받아들일 수 있다면, 자신만 쓸 코드를 개발하더라도 소스 관리를 하라.

ML-Agents가 설치되었으므로 다음 단원에서 툴킷과 함께 제공되는 유니티의 예제 프로젝트 중 하나를 살펴보겠다.

## 예제 실행

유니티는 다양한 학습 및 훈련 시나리오를 보여줄 수 있게 미리 준비해 둔 예제를 ML-Agents 패키지에 담아 제공한다. 유니티를 열어 예제 프로젝트를 로드하고 이 예제를 통해 ML-Agents가 실행되는 방식에 대한 느낌을 얻어보자.

---

**30**  (옮긴이) git 명령을 실행한 디렉터리 밑에 ml-agents라는 새 폴더가 자동으로 생성된다.

1. 유니티 에디터를 열고 **Project** 대화 상자를 시작하는 데로 이동하라.

2. 대화 상자 상단에 있는 **Open** 버튼을 클릭하고 다음 화면과 같이 ML-Agents/ml-agents/ unity-environment 폴더[31]로 이동해 선택하라.

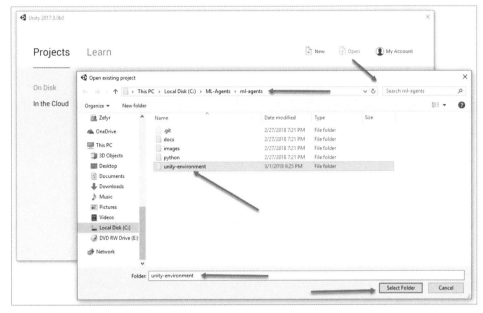

통합 환경 프로젝트를 에디터에 로드하기

3. 이렇게 하면 unity-environment[32] 프로젝트가 유니티 에디터에 로드된다. 사용 중인 유니티 버전에 따라서는 버전을 높여야 한다는 경고가 표시될 수 있다. 유니티의 최신 버전을 사용한다면, **Continue**를 클릭하면 된다. 문제가 발생하면 유니티 버전을 높이거나 낮추라.

4. 다음 화면과 같이 **Project** 창의 Assets/ML-Agents/Examples/3DBall 폴더에서 씬(scene) 파일을 찾는다.

---

31 (옮긴이) 이 폴더명이 0.5.0부터는 C:\ML-Agents\ml-agents\UnitySDK이다. 버전에 따라서 이와 같이 폴더명이 바뀔 수 있으므로 유념하기 바란다. 폴더명이 바뀌면 화면에 나오는 폴더명도 해당 폴더명으로 바뀐다는 점을 주의해서 책보다는 실제 컴퓨터 화면을 참조하기 바란다. 그러나 역자가 앞에 단 역주대로 ML-Agents 버전을 0.3.0으로 내려받았다면 폴더명이 다르다거나 하는 일이 벌어지지 않는다. 이하에 나오는 모든 폴더명 문제에서도 마찬가지이다.

32 (옮긴이) 즉, 유니티 환경. 앞에 나온 각주에서도 언급했지만, ML-Agents 버전에 따라서는 UnitySDK란 이름으로 바뀌어서 보일 수도 있다.

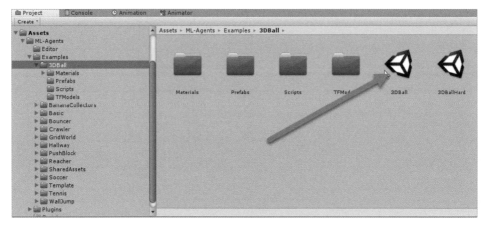

3DBall 폴더에 있는 예제용 씬 파일

**5.** 3DBall 씬 파일을 더블클릭해 에디터에서 씬을 연다.

**6.** 에디터의 상단 중앙에 있는 Play 버튼[33]을 눌러 씬을 실행하라. 씬이 시작되고 공이 떨어지는 것을 볼 수 있지만, 공은 플랫폼에서 떨어지는 것일 뿐이다. 씬이 플레이어 모드에서 시작되기 때문에 키보드 입력으로 플랫폼을 제어할 수 있다. 키보드의 화살표 키를 사용해 플랫폼에 떨어지는 공의 균형을 조정하라.

**7.** 씬 실행이 끝나면 Play 버튼을 다시 클릭해 씬을 중지하라.

## 에이전트 브레인 설정

목격한 바와 같이 씬은 현재 Player 컨트롤로 설정되어 있지만 우리는 이 ML-Agents의 작동 방식을 명확히 살펴보려고 한다. 이를 위해서 우리는 에이전트가 사용하는 브레인[34] 유형을 변경해야 한다. 3D Ball 에이전트에서 브레인 유형(화면에 **Brain Type**으로 표시된 곳)을 전환하려면 다음을 따르라.

---

**33** (옮긴이) 오른쪽 방향으로 향한 삼각형 모양 버튼.

**34** (옮긴이) 즉, 에이전트의 두뇌. 즉, 에이전트의 머신러닝 모델을 말한다. 에이전트를 사람으로 여긴다면, 사람에게 두뇌가 있듯이 에이전트에게 두뇌가 있고, 사람마다 두뇌가 다르듯이, 에이전트의 두뇌 유형도 다를 수 있다.

1. 하이어라키 창에서 Ball3DAcademy 오브젝트를 찾아 펼쳐 Ball3DBrain 오브젝트를 나타낸다.

2. Ball3DBrain 오브젝트를 선택하고 다음 화면과 같이 인스펙터 창을 살펴본다.[35]

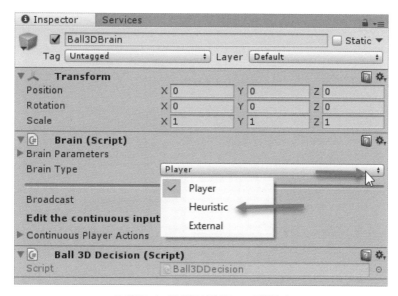

Ball3DBrain 오브젝트상에서 Brain 전환하기

3. 앞에서 발췌한 내용과 같이 Brain (Script) 컴포넌트의 Brain Type을 Heuristic 설정으로 전환한다. Heuristic 브레인 설정을 하게 되면 유니티가 자체적으로 내장하고 있는, 휴리스틱 방식으로 코딩된 ML-Agents를 이용할 수 있게 된다. 여기서 휴리스틱 프로그래밍(heuristic programming)이란, 고전적인 알고리즘(우리의 경우 머신러닝 알고리즘)들에서는 상대적으로 간단한 해법 중 하나였다. Heuristic 브레인을 쓰면 문제를 정의하는 데 종종 도움이 되며, 이 기술을 이번 장의 뒷부분에서 사용한다. 현재 게임 인공지능의 대부분은 휴리스틱 알고리즘을 사용하는 범주에 속한다.[36]

---

**35** (옮긴이) 이 인스펙터 창의 구성이 Unity ML-Agents의 버전에 따라서 조금씩 다를 수 있다.

**36** (옮긴이) 휴리스틱 알고리즘은 시행착오를 거쳐 최적해를 찾아 가는 방식이다. 경험적 방식 또는 시행착오적 방식이라고도 부른다. 일단 무언가를 해보고 진로나 방향을 수정한 다음 다시 무언가를 해보는 방식이라고 할 수 있다.

4. 다시 씬이 실행되게 **Play**를 다시 클릭하라. 이제 각 공의 균형을 잡는 플랫폼을 볼 수 있다. 매우 인상적인 휴리스틱 알고리즘이다. 다음 차례에서 우리는 휴리스틱 브레인을 사용하는 스크립트를 열고 일부 코드를 살펴보고자 한다.

 Ball 3D Decision (Script)에시 Rotation Speed<sup>회전 속도</sup> 속성 값을 키우거나 줄여야 할 수도 있다. 휴리스틱 브레인이 공의 균형을 효과적으로 맞출 수 없는 경우 회전 속도를 0.5로 변경하라. 앞에 나온 화면에서는 Rotation Speed가 드러나 있지 않지만 컴퓨터 화면에서는 보일 것이다.

5. **Ball 3D Decision (Script)** 옆에 있는 기어 아이콘(즉, 톱니바퀴 모양 아이콘)을 클릭하고 다음 화면과 같이 컨텍스트 메뉴에서 **Edit Script**<sup>스크립트 편집</sup>를 선택하라.[37]

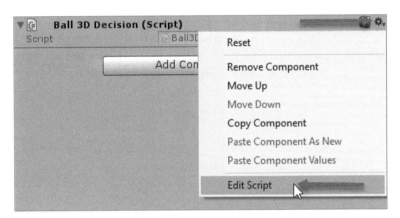

볼 3D 의사결정 스크립트 편집하기

6. 다음과 같이 보이는 스크립트 내의 Decide 메서드를 살펴보라:[38]

```
public float[] Decide(
    List<float> vectorObs,
    List<Texture2D> visualObs,
    float reward,
```

---

**37** (옮긴이) 이 시점에서 모노(mono)라는 유니티 연동 개발 환경이 설치되어 있지 않으면 치명적인 오류(fatal error)를 알리는 창이 뜬다. 이 때 확인(OK) 버튼을 클릭하면 모노를 설치하는 웹사이트로 자동으로 연결된다. 여기서 모노를 내려받아 설치하면 된다. 모노 중에서 GTK#을 내려 받아야 하므로 'Download GTK#'이라는 이름의 버튼을 클릭한다. 이 때 화면이 바뀌는 경우가 있는데 이 때도 다시 해당 이름이 적힌 버튼을 클릭하면 내려받을 수 있다. 내려받은 파일을 실행하면 자동으로 설치가 되고, 화면에서 적당히 'Next' 버튼과 'Install' 버튼을 클릭하면 된다.

**38** (옮긴이) 컴퓨터 화면에 보이는 코드와 달리 책에는 주석이 더 풍부하고, 한글로 번역되어 있다는 점에 유념하라.

```
    bool done,
    List<float> memory)
{
    if (gameObject.GetComponent<Brain().brainParameters.vectorActionSpaceType
        == SpaceType.continuous)
    {
        List<float> act = new List<float>();
        // state [5]는 x 방향으로 향하는 공의 속도이다.
        // 이 숫자를 사용해 플랫폼의 z 축 회전 속도를 제어하므로,
        // 플랫폼이 x 방향에 따라 기울어지게 한다.
        act.Add(vectorObs[5] * rotationSpeed);

        // state [7]은 z 방향으로 향하는 공의 속도이다.
        // 이 숫자를 사용해 플랫폼의 x 축 회전 속도를 제어한다.
        // 플랫폼이 z 방향에 따라 기울어지게 한다.
        act.Add(-vectorObs[7] * rotationSpeed);

        return act.ToArray();
    }

    // 벡터 작업 공간 유형이 분리된 경우 아무것도 수행하지 않는다.
    return new float[1] { 1f };
}
```

7. 이 메서드의 입력과 출력이 의미하는 바에 대한 자세한 내용을 나중에 다룰 것이다. 지금은 코드가 얼마나 간단한지를 살펴보라. 이것은 플랫폼상의 공들을 균형 잡게 하는 휴리스틱 브레인인데, 코드를 살펴보면 상당히 인상적이다. 이 시점에서 여러분의 마음속에 '왜 우리는 머신러닝 프로그래밍에 신경을 쓰지 않는가'라는 질문이 불현듯 떠오를 것이다. 간단히 대답하면, 3D 볼 문제는 믿기지 않게 간단하며 8개 상태에서 쉽게 모델링할 수 있다. 코드를 다시 한번 살펴보면 공이 움직이는 각 방향을 나타내는 8개 상태(0~7)만 사용된다는 것을 알 수 있다. 보다시피 이 문제는 쉽게 해결되지만 좀 더 복잡한 문제, 예를 들면 수십억의 수백만 개에 해당하는 상태가 있는 문제가 있을 수 있다. 그러므로 휴리스틱 방식을 사용해 쉽게 해결할 수 있는 일은 거의 없다.

Heuristic 브레인을 Internal 브레인과 혼동해서는 안 된다. *6장, '다시 만들어 보는 테라리 엄 – 다중 에이전트 생태계'*를 참조하라. 3D 볼 예제의 휴리스틱 코드를 머신러닝 알고리즘으로 대체할 수는 있지만 *3장, '파이썬을 이용한 심층강화학습'*에서 찾아볼 수 있는 딥러닝 알고리즘과 같은 고급 머신러닝을 실행하는 방식이 가장 좋은 사례라고 할 수는 없다.

다음 단원에서는 ML-Agents 컴포넌트가 함께 작동하는 방식을 더 잘 이해할 수 있도록 기본 예제를 수정하려고 한다.

## 환경 만들기

직전에 나온 예제를 살펴볼 때 한 가지 주의할 점은 ML-Agent 환경에서 약간의 사용자 정의 설정이 필요하다는 것이다. 유니티 문서에서는 관련 스크립트들이 엮여 있는 Academy, Agent 및 Brain 오브젝트를 사용해 머신러닝 환경을 구성할 것을 권장한다. ML-Agents 프로젝트에는 간단한 환경을 구성하고 설정하는 데 사용할 템플릿 폴더가 있다. 유니티 에디터로 돌아가 첫 번째 간단한 머신러닝 환경을 설정해 보자.

1. 유니티 에디터 내 **Project** 창의 ML-Agents 폴더에서 Template 폴더를 찾는다.[39]

2. Template 폴더에서 마우스 오른쪽 버튼을 클릭하고(macOS에서도 마찬가지) 컨텍스트 메뉴에서 **Show in Explorer**[40]를 선택하라. 그러면 해당 폴더가 보이는 **탐색기** 창이 열린다.

3. Template 폴더를 선택하고 복사하라.

4. 두 단계 위의 Assets 폴더로 이동해 복사된 폴더를 붙여 넣는다. 그러면 Template 폴더가 루트에 있는 Assets 폴더에 추가된다.

5. Template 폴더의 이름을 Simple로 변경하라.

---

**39** (옮긴이) 버전마다 Template 폴더의 위치가 다르다. 역자의 경우에는 Assets/ML-Agents/Examples/Template 꼴로 되어 있다. 그러므로 Project 창에서 직접 찾아보기 바란다.

**40** (옮긴이) 즉, '탐색 창에서 보기'. 맥에서는 'Reveal in Finder'.

에디터로 돌아가면 중복된 템플릿 스크립트 때문에 몇 가지 네임스페이스 오류가 표시된다. 우리는 곧 그것을 고칠 것이다.

6. 유니티 화면으로 돌아가 다음과 같이 폴더와 파일이 새로운 Simple 폴더로 복사되었는지 확인하라:

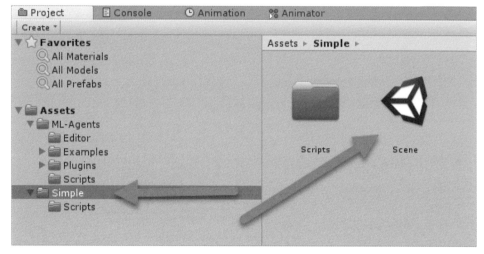

Simple 폴더가 생성되었는지를 검증하기

7. Scene을 더블클릭해 에디터에서 연다.

## 스크립트 이름 바꾸기

이런 식으로 간단한 씬을 설정했지만, 이름 몇 가지를 중복해 지정하는 실수가 있다는 점을 알아차렸을 것이다. 그러므로 Simple/Scripts 폴더에서 Template 스크립트의 이름을 바꿔야한다. 각 스크립트의 이름을 바꾸려면 다음 연습 과정을 따르라:

1. Scripts 폴더를 연다.

2. **Project** 창의 다음 화면에서처럼 각 파일의 이름 앞부분을 Template에서 Simple로 바꾼다.[41]

---

**41** (옮긴이) 각 스크립트의 이름 부분을 클릭하면 이름을 바꿔 넣을 수 있다. 이름을 바꿔서 넣은 후에는 다른 부분을 클릭하면 이름이 확정된다.

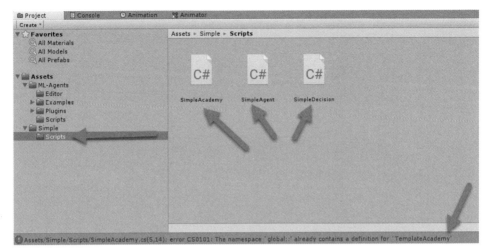

스크립트의 이름 앞부분을 Template에서 Simple로 변경

**3.** SimpleAcademy 스크립트 파일을 더블클릭해 코드 에디터에서 연다. 다음 코드와 같이 클래스 이름을 TemplateAcademy에서 SimpleAcademy로 변경해 파일 이름과 일치시키라:

```
public class SimpleAcademy : Academy {
```

**4.** 에이전트 스크립트(simpleAgent) 및 의사결정 스크립트(simpleDecision)에 대해 이 과정을 반복하라. 씬의 오브젝트는 여전히 템플릿 스크립트를 가리키고 있으므로 다음 단계로 업데이트할 것이다. 에디터로 돌아가기 전에 모든 스크립트를 변경 사항과 함께 저장하라. 모든 파일의 이름이 올바르게 바뀌면 이름 지정 오류가 사라진다.

**5.** 하이어라키 창에서 **Ball3DAcademy**를 선택해 이름을 Academy로 바꾼다.[42]

**6.** 하이어라키 창에서 **Academy** 오브젝트를 선택하라. 인스펙터 창에서 **TemplateAcademy(Script)** 컴포넌트 옆의 톱니바퀴 모양 아이콘을 클릭하고 **Remove Component**를 선택해 스크립트를 제거하라.

---

**42** (옮긴이) ML-Agents 버전에 따라서는 처음부터 Academy라는 이름으로 되어 있기도 하다. 이럴 때는 이름을 바꾸지 않아도 된다.

**7.** 다음 화면과 같이 **Add Component** 버튼을 클릭하고 컴포넌트 검색 창에서 `simple`을 입력한다.

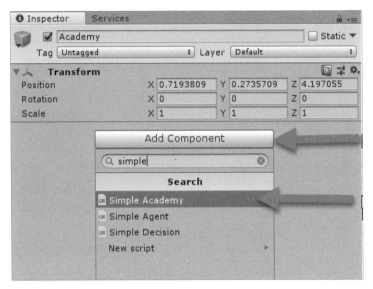

SimpleAcademy 오브젝트를 Academy 오브젝트에 추가

**8.** 위 그림과 같이 **Simple Academy** 항목을 클릭해 **Academy** 오브젝트에 컴포넌트를 추가한다.

**9.** **Agent** 오브젝트에 대해 이 과정을 반복하여 `TemplateAgent` 스크립트를 제거하고 `SimpleAgent` 스크립트를 추가한다.

**10.** 완료 후에는 씬과 프로젝트를 저장하라.[43]

유니티가 새로운 ML-Agents 환경을 구축하기 위한 더 나은 에디터 도구 모음을 제공하지 않았다는 것은 놀라운데, 적어도 이 책을 쓰는 시점에서는 그렇지 않다. 이 책의 소스 코드 다운로드 사이트(chapter_1/Editor_Tools)에는 이 설정을 자동화할 수 있는 애셋 패키지가 제공되어 있다. 우리는 이 패키지와 이 책의 다른 일부를 애셋 스토어에 두기로 정할지도 모른다.

---

**43** (옮긴이) 각기 File → Save Scene, File → Save Project를 선택하면 된다.

이런 식으로 우리 자신의 Academy, Agent 및 Decision(브레인) 스크립트를 구현하기 위한 새로운 머신러닝 환경을 설정했다. 다음 단원에서 첫 번째 학습 문제를 설정할 때 이러한 스크립트들을 자세히 살펴볼 수 있다.

## Academy, Agent, Brain 컴포넌트

각 주요 컴포넌트(Academy, Agent 및 Brain/Decision)의 개념을 설명하기 위해 고전적인 멀티암드 밴딧(multi-armed bandit)[44] 문제를 기반으로 간단한 예를 구성해 보려고 한다. 라스베가스에서는 슬롯머신을 구어체로 원암드 밴딧(one-armed bandit)[45]이라고 부르므로 이에 착안하여 사람들은 이 문제를 밴딧 문제라고 부른다. 밴딧이란 슬롯머신을 가지고 노는 가난한 관광객들의 돈을 슬롯머신이 빼앗아 가기로 악명이 높기 때문에 슬롯머신을 지칭하게 된 이름이다.

기존 슬롯머신에는 팔이 하나만 있는 반면, 이 예제에서는 플레이어가 취할 수 있는 팔이 네 개, 즉 네 가지 활동이 제공된다는 특징이 있는데, 각 활동에 대해서 플레이어는 주어진 보상을 받는다. 직전 단원에서 시작한 Simple 프로젝트를 유니티로 연다:[46]

1. 메뉴에서 GameObject | 3D Object | Cube를 선택하고 새 오브젝트 이름을 Bandit으로 변경하라.

2. 인스펙터 창에서 Transform변형 컴포넌트 옆의 톱니바퀴 모양 아이콘을 클릭하고 컨텍스트 메뉴에서 Reset재설정을 선택하라. 이렇게 하면 오브젝트의 Position위치이 (0, 0, 0)으로 재설정되는데, 이 오브젝트는 우리 씬의 중심이므로 잘 작동한다.

---

**44** (옮긴이) '팔이 여러 개인 산적'이라는 뜻이다. 미국의 카지노에서는 레버가 한 개 달린 슬롯머신을 산적 같이 돈을 가져간다고 해서 외팔이 산적(one-armed bandit)이라고 부르는데, 이러한 슬롯머신을 여러 대 사용할 때는 팔이 여러 개인 산적(multi-armed bandit)이라고 볼 수 있다는 점에 착안해 나온 명칭이다.

**45** (옮긴이) 우리말로는 '외팔이 산적'이다.

**46** (옮긴이) Simple 프로젝트가 따로 있는 게 아니라, 지금까지 사용해 온 unity-environment 프로젝트를 말한다. 따로 열지 말고 사용해 오던 그대로 사용하면 된다.

3. Mesh Renderer[47] 컴포넌트의 Materials머티리얼 부분을 확장하고 화면에 보이는 바와 같이 타겟 아이콘(과녁 모양 아이콘)을 클릭한 다음에 나온 화면에서 NetMat 머티리얼[48]을 선택하라.

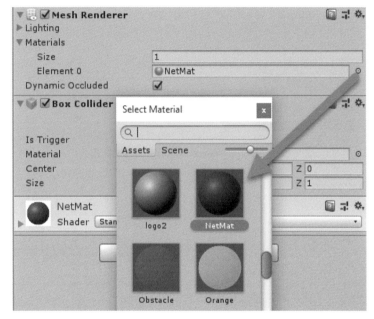

밴딧을 위한 NetMat 머티리얼 선택

4. Project 창에서 Assets/Simple/Scripts 폴더를 연다.

5. 창의 빈 영역에서 마우스 오른쪽 버튼을 클릭해 나온 컨텍스트 메뉴에서 Create | C# Script를 선택한다. 이 스크립트에 Bandit이라는 이름을 부여하고 다음 코드로 대체한다.[49]

---

**47** (옮긴이) 보통 '메시 렌더러'라고 부르지만, 우리말로는 '그물코 그리개' 정도가 된다. 이 그물코의 개수에 따라서 컴퓨터 처리 부하가 달라진다.

**48** (옮긴이) 우리말로는 '소재' 또는 '재질'에 해당한다. 외래어 표기법에 따르면 '머티어리얼'이어야 하고 '메테리얼'로 읽는 사람도 많지만, 유니티 사의 공식 홈페이지 표기법에 따라 머티리얼로 표기했다.

**49** (옮긴이) 이름을 부여한 뒤에 해당 스크립트 아이콘을 더블클릭하면 에디터로 연결되어 코드를 볼 수 있다. 그리고 책에 나오는 코드로 기존 코드를 대체할 때 Using으로 시작되는 문장들은 살려 두어야 한다.

```csharp
public class Bandit : MonoBehaviour
{
    public Material Gold;
    public Material Silver;
    public Material Bronze;
    private MeshRenderer mesh;
    private Material reset;

    // 이것을 초기화에 사용
    void Start() {
        mesh = GetComponent<MeshRenderer>();
        reset = mesh.material;
    }

    public int PullArm(int arm)
    {
        var reward = 0;
        switch (arm)
        {
            case 1:
                mesh.material = Gold;
                reward = 3;
                break;
            case 2:
                mesh.material = Bronze;
                reward = 1;
                break;
            case 3:
                mesh.material = Bronze;
                reward = 1;
                break;
            case 4:
                mesh.material = Silver;
                reward = 2;
                break;
        }
        return reward;
    }
}
```

```
    public void Reset()
    {
        mesh.material = reset;
    }
}
```

6. 이 코드는 간단한 포암드 밴딧(four armed bandit)[50]을 구현한다. 첫 번째 부분은 클래
   스를 MonoBehaviour에서 확장된 **Bandit**이라고 선언한다. 유니티의 모든 게임 오브젝트
   는 MonoBehaviour에서 확장된 것이다. 다음으로 보상 값을 표시하는 데 사용할 머티리얼
   들을 **public** 속성으로 정의한다. 그런 다음 우리는 **mesh**라는 MeshRenderer의 자리표시
   자(placeholder)와 **reset**(재설정)이라고 부르는 원래의 **Material**을 **private** 속성으
   로 정의한다.

   그 다음으로 **Start** 메서드를 구현하는데, 이것은 오브젝트가 시작될 때 실행되는 기본
   유니티 메서드다. 여기서 우리는 오브젝트의 MeshRenderer를 기반으로 두 개의 **private**
   필드 값을 정한다. 다음으로는 적절한 머티리얼과 보상을 설정하는 간단한 **switch** 문인
   **PullArm** 메서드가 나온다.

   마지막으로 원래의 속성을 재설정한 **Reset** 메서드로 마무리한다.

7. 코드 입력을 마쳤으면 파일을 저장하고 유니티로 돌아간다.

8. **Bandit** 스크립트를 **Project** 창의 Assets/Simple/Scripts 폴더에서 드래그 앤 드롭해 하
   이어라키 창의 Bandit 오브젝트에 놓는다. 그러면 오브젝트에 **Bandit (Script)** 컴포넌
   트가 추가된다.

9. 하이어라키 창에서 **Bandit** 오브젝트를 선택한 다음 인스펙터 창에서 타겟 아이콘들을
   클릭해 다음 화면과 같이 각 머티리얼 슬롯(Gold, Silver, Bronze)을 선택한다.

---

**50** (옮긴이) '팔이 네 개인 산적'이라는 뜻이다.

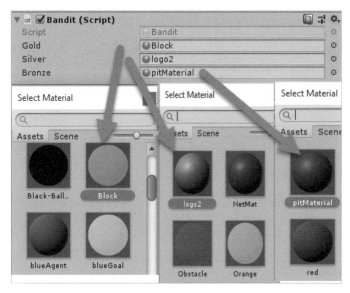

Bandit에서 Gold, Silber, Bronze 머티리얼 설정하기

이런 과정을 통해 우리의 Bandit 오브젝트를 시각적인 자리표시자로 설정한다. 물론 팔을 추가해 시각적으로는 멀티암드 슬롯머신처럼 보이게 할 수도 있지만, 우리의 목적에 비춰 본다면, 현재의 오브젝트가 잘 작동할 것이다. 우리의 Bandit은 팔이 네 개인데 각 팔마다 보상이 다르다는 점을 기억하라.

## Academy 설정

Academy 오브젝트 및 컴포넌트는 우리가 에이전트를 위한 훈련 환경구성을 정의하는 데 사용하는 훈련 환경을 나타낸다. Academy는 우리 에이전트가 훈련받을 학교 또는 교실이라고 생각할 수 있다. 유니티 에디터를 열고 하이어라키 창에서 Academy 오브젝트를 선택하라. 그런 다음 Academy 컴포넌트를 구성하려면 다음 단계를 따르라:

**1.** 다음 화면과 같이 Academy 컴포넌트의 속성을 설정한다.

Academy 오브젝트의 Academy 컴포넌트에 속성 설정

**2.** 다음은 우리가 다룰 초기 Academy 속성에 대한 요약이다:

- **Max Steps**최대 단계: 이 속성으로 인해 Academy는 각 Agent가 실행되기 전에 자신을 재설정하도록 하는 행동 횟수를 제한할 수 있다. 현재 우리가 사용하고 있는 예제에서는 우리가 단 하나의 단계 (step)만 수행 중이므로 이 값을 0으로 둘 수 있다. 이 값을 0으로 설정하면 Done이 호출될 때까지 에이전트는 행동을 무한정 계속한다.

- **Training Configuration**훈련 구성: 모든 머신러닝 문제에서 우리는 종종 문제를 훈련 집합(training set)과 테스트 집합(test set)[51]으로 나눈다. 이를 통해 훈련 환경이나 훈련 데이터셋에서 머신러닝, 즉 에이전트 모델을 구축할 수 있다. 그런 다음에 우리는 훈련된 머신러닝을 가져와서 추론을 사용해 실제 데이터셋에서 연습할 수 있다. 이 Training Configuration 부분에서는 훈련 환경을 구성한다.

- **Inference Configuration**추론 구성[52] : 추론 부분에서 우리는 이전에는 보이지 않던 환경이나 데이터 셋에 대해 모델을 추론하거나 사용한다. 이 구성 영역은 머신러닝이 이 유형의 환경에서 실행될 때 파라미터를 설정하는 곳이다.

---

**51** (옮긴이) '훈련 세트/테스트 세트'나 '훈련 셋/테스트 셋'으로 부르기도 하지만, 전자는 외래어 표기법에 맞지 않고 후자는 수학의 '집합' 개념을 드러내지 못 하는 면이 있다. 사실 '훈련 집합/테스트 집합'으로 불러야 하는 이유는 훈련과 테스트에 쓸 표본의 집합이라는 개념으로서, 인공지능 연구에서 이 집합 개념을 이용해 수식을 정립하기도 하며, 또한 통계학에서도 집합이라는 개념으로 정립되어 있다. 다만, 데이터과학이나 인공지능 분야에서 이 용어가 아직 정립되어 있지 않고 있다. 어쨌든 이 책에서는 원래의 개념을 살려 집합이라는 용어를 사용했다. 기왕이면 '테스트 집합'도 '검정 집합'이라고 하면 좋으나, '검정 집합'으로 부르는 경우가 아직은 드물어 일단은 '테스트 집합'으로 표기했다.

**52** (옮긴이) 위에서부터 차례로 '최대 단계', '훈련 구성', '추론 구성'.

Academy 설정 작업이 이 간단한 예제에서는 아주 수월하다. 우리는 이후에 나오는 여러 장에서 더 복잡한 옵션들을 보게 되겠지만 옵션을 펼쳐 그 속성을 살펴보는 일을 어렵게 느낄 이유가 없다.

## Agent 설정

에이전트(agents)[53]는 일부 보상에서 일부 태스크 또는 태스크 기반 명령 집합을 수행하는 방법을 배우도록 우리가 훈련하고 있는 연기자(actors)를 나타낸다. 강화학습에 대한 자세한 내용은 *2장, '밴딧과 강화학습'*에서 연기자, 행동, 상태 및 보상을 더 자세히 다룰 것이다. 현재 우리가 해야 할 일은 에이전트가 사용할 Brain(두뇌)을 설정하는 것이다.

에디터를 열고 다음 단계를 따르라:

1. 하이어라키 창에서 Agent 오브젝트를 찾아 선택하라.

2. Simple Agent (Script) 컴포넌트의 Brain 속성 옆에 있는 **타겟 아이콘**을 클릭하고 다음 화면과 같이 씬에서 Brain 오브젝트를 선택하라:

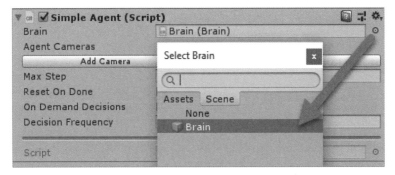

에이전트 브레인 설정하기

---

**53** (옮긴이) 이 에이전트는 '행위자' 또는 '대리자'라는 말로도 알려져 있다. 가상 세계나 인공지능 사용 환경 속에서 행위하는 주체, 또는 사람이나 그 밖의 어떤 것을 대리하는 주체라는 뜻이다. 강화학습 분야에서는 이런 행위자를 그 행위 유형에 따라서 연기자(actors)와 비평가(critics)로 나누기도 한다. 그 밖에 다양한 행위자 유형을 고안해 낼 수 있을 것이다.

3. **Simple Agent (Script)** 컴포넌트의 **기어 아이콘**을 클릭하고 컨텍스트 메뉴에서 **Edit Script**를 선택하라. 에이전트 스크립트는 우리가 환경을 관찰하고 관측한 내용을 수집하는 데 사용하는 스크립트이다. 지금 사용하는 예제에서 우리는 항상 이전에 관측한 내용이 없다고 가정한다.

4. 다음과 같이 `CollectObservations` 메서드에 강조 표시된 코드를 입력하라.

```
public override void CollectObservations()
{
    AddVectorObs(0);
}
```

5. CollectObservations는 **Agent**가 환경을 관측(observations)하는 대상을 설정하기 위해 호출하는 메서드다. 이 메서드는 모든 에이전트 단계 또는 에이전트 활동에서 호출된다. 우리는 AddVectorObs를 사용해 float 값 0을 에이전트의 관측 컬렉션에 추가한다. 이 시점에서 현재 우리는 어떤 관측도 하지 않고 있으며, 우리의 밴딧이 당길 팔에 대한 시각적 단서를 제공하지 않는다고 가정할 것이다.

에이전트는 또한 보상(rewards)을 평가해야 하는데, 해당 보상을 수집할 때 그렇게 할 것이다. 팔을 당길 때 보상을 나타내기 위해 에이전트에게 각 팔당 하나씩 네 개의 슬롯을 추가해야 한다.

6. SimpleAgent 클래스에 있는 기존 코드를 다음과 같이 보강한다. 강조 처리한 부분이 추가로 보강할 코드이다.

```
public Bandit bandit;
public override void AgentAction(float[] vectorAction, string textAction)
{
    var action = (int)vectorAction[0];
    AddReward(bandit.PullArm(action));
    Done();
}
```

```
public override void AgentReset()
{
    bandit.Reset();
}
```

**7.** AgentAction 메서드 내 코드는 현재 행동을 취해 PullArm 메서드가 있는 Bandit에 적용해, 팔을 당기도록 전달한다. 밴딧으로부터 반환된 보상은 AddReward를 사용해 추가된다. 그런 다음 AgentReset 메서드에 일부 코드를 구현한다. 이 코드는 밴딧을 다시 시작 상태로 재설정한다. AgentReset은 에이전트가 행동을 마치거나 완성하거나 단계를 벗어날 때 호출된다. 각 단계 후에 Done 메서드를 호출하는 방법에 유의하라. 이것은 밴딧이 단일 상태 또는 행동일 뿐이기 때문이다.

**8.** 마지막 부분 바로 아래[54]에 다음 코드를 추가하라:

```
public Academy academy;
public float timeBetweenDecisionsAtInference;
private float timeSinceDecision;

public void FixedUpdate()
{
    WaitTimeInference();
}

private void WaitTimeInference()
{
    if (!academy.GetIsInference())
    {
        RequestDecision();
    }
    else
    {
        if (timeSinceDecision >= timeBetweenDecisionsAtInference)
        {
```

```
            timeSinceDecision = 0f;
            RequestDecision();
        }
        else
        {
            timeSinceDecision += Time.fixedDeltaTime;
        }
    }
}
```

9. 우리의 브레인이 플레이어의 결정을 수용할 수 있을 만큼 오래 기다리게 하려면 앞의 코드
   를 추가해야 한다. 우리가 만들 첫 번째 예제에서는 플레이어가 입력한 내역을 사용한다.
   이 코드에 대해 너무 많이 걱정하지 마라. 플레이어 입력을 허용하기 위해서만 필요하기
   때문이다. 에이전트의 브레인들을 우리가 개발할 때는 지연시키지 않아도 될 것이다.

10. 편집이 끝나면 스크립트를 저장하라.

11. 다음 화면과 같이 유니티 에디터로 돌아가서 하이어라키 창에서 Agent 오브젝트를 선
    택한 다음에 인스펙터 창에서 Simple Agent (Script)의 속성을 설정하라.[55]

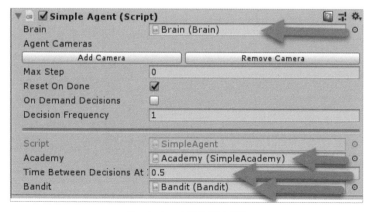

Simple Agent 등록 정보 설정

---

**55** (옮긴이) 각 속성을 변경하려면 각 속성의 오른쪽 끝에 보이는 과녁 모양 아이콘(target icon)을 클릭한 다음에, 돌출되어 나온 창에서 Scene 탭을 선택하고(기
본 선택) 거기서 Academy 또는 Bandit을 선택하면 된다. 다만 Time ⋯ 속성은 그냥 숫자를 입력하면 된다. 이후로 나오는 속성 변경 방식도 다 이런 식이기
때문에 이제부터는 따로 설명하지 않는다. 유니티에 익숙하지 않은 사람을 위해 설명했다.

이제 거의 다 했다. 에이전트는 이제 우리의 행동을 해석하고 Bandit에서 그것을 수행할 수 있다. 행동은 Brain으로부터 에이전트에게 보내진다. Brain은 의사결정을 담당하며 우리는 다음 단원에서 그 설정을 다룰 것이다.

## Brain 설정

우리는 첫 유니티 예제를 다루면서 Brain 함수가 어떻게 작동하는지에 대한 기본적인 내용을 살펴보았다. 브레인 종류로는 Player, Heuristic, Internal 및 External이 있다.[56] 간단한 예를 들어, 우리는 Player 브레인을 설정하려고 한다고 하자. 다음 단계에 따라 플레이어가 입력하는 내역을 받아들이도록 Brain 오브젝트를 구성한다:

1. 하이어라키 창에서 Brain 오브젝트를 선택한다. Brain 오브젝트는 Academy의 자식이다.

2. 다음 화면과 같이 Brain 오브젝트를 선택하고 Player 입력을 설정한다.[57]

---

56  (옮긴이) 브레인이란 에이전트의 두뇌 역할을 하는 인공지능 알고리즘 또는 인공지능 모델을 의미한다.

57  (옮긴이) 컴퓨터의 인스펙터 창이 처음에는 이 화면과 다르게 보일 것이다. 이는 이 화면의 각 속성을 지정한 대로 설정해야만 화면이 차례로 확장되기 때문이다. 제일 먼저 Visual Observation 속성 값을 0으로 바꿔야 그 밑에 보이던 Element 0 부분이 사라진다. 그 다음에 Brain Type을 Player로 지정해야만 그 아래 Broadcast 부분이 나타난다. Broadcast 부분에서 다시 Discrete Player Actions 아래에 보이는 Size 값을 4로 지정해야 Element 0부터 Element 4까지가 나타난다. 그런 다음에 각 Element를 펼쳐야 Key들과 Value들이 보인다.

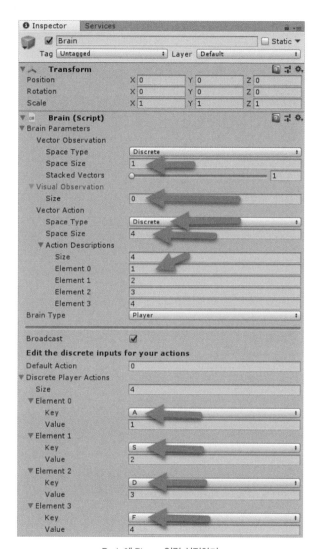

Brain에 Player 입력 설정하기

3. 씬과 프로젝트를 저장하라.

4. 씬을 실행하려면 Play를 누른다. A, S, D 또는 F 중 하나를 입력해 각 팔을 1에서 4까지 당긴다. 여러분이 팔을 당길 때, Bandit은 보상에 따라 색깔을 바꿀 것이다. 이것은 매우 간단한 게임이고 매번 사람이 적절한 팔을 당기는 일도 상당히 간단한 연습에 불과하다.

이제 우리는 간단한 **Player** 브레인을 사용해 간단한 포암드 밴딧(four-armed bandit)[58]을 테스트할 수 있다. 이것으로 한발 더 나아가서 **Heuristic** 브레인을 구현할 수 있다. 그러나 이 부분은 독자의 연습용으로 남겨 둘 것이다. 지금은 다음 장으로 갈 때까지 ML-Agents의 기본 개념에 익숙해지기에 충분할 것이다.

## 연습문제

추가 학습을 위해 다음 연습문제들을 스스로 풀어 보라:

1. 에이전트가 보상(여러분이 새 머티리얼를 작성하는 경우 보너스 점수)을 알리는 데 사용하는 머티리얼를 변경하라.

2. 밴딧에 팔을 추가하라.

3. 이전의 대포 예제에서는 선형 회귀 머신러닝 알고리즘을 사용해 특정 사정거리에 필요한 발사속도를 예측했다. 살펴보았듯이 우리의 대포 문제에 대해 다른 알고리즘이 더 적합할 수 있다. 더 나은 방식을 골라 이 회귀를 할 수 있는가?

엑셀을 사용하면 이 작업을 매우 간단하게 처리할 수 있다.

4. 휴리스틱 알고리즘을 사용해 항상 최상의 솔루션을 선택하는 SimpleDecision 스크립트를 구현해 보라.

이전에 보았던 3DBall 예제에서 찾아볼 수 있다. 휴리스틱 브레인을 설정하려면 SimpleDecision 스크립트를 Brain에 추가해야 한다.

---

**58** (옮긴이) 지금까지 다룬 예제에서 네 개의 팔(four arm)은 각기 A, S, D, F 키에 해당하고, 보상은 화면에 사각형으로 나오는 밴딧의 색깔이다. 이는 완성된 예제가 아니고 아주 간단한 예제인 셈이다.

## 요약

이번 장에서는 머신러닝 및 강화학습을 포함한, 더욱 일반적인 학습 모델을 도입하기 시작했고, 이런 방식으로 머신러닝 및 ML-Agents에 대한 기본 사항을 다루었다. 그런 다음에 대포를 다루는 게임 예제를 살펴보았는데, 간단한 머신러닝을 적용해 특정 거리에 있는 목표물을 타격하는 데 필요한 발사 속도를 풀 수 있었다. 다음으로 ML-Agents를 곧바로 도입하고 필요한 코드를 깃허브에서 가져왔다. 이를 통해 우리는 이 책에서 흥미로운 예제 중 하나를 실행하고 휴리스틱 브레인의 내부 행동을 탐구할 수 있었다. 그런 다음 간단한 씬을 위한 기초를 마련하고 다음 장에서 사용할 환경을 설정했다. 마지막으로, 우리는 브레인을 사용해 멀티암드 밴딧을 조작하는 데 사용된 간단한 아카데미, 에이전트 및 브레인을 설정하는 일로 이번 장을 마무리했다.

다음 장에서 Bandit 예제를 계속 사용하고 강화학습 및 머신러닝 알고리즘 구축에 대한 첫 번째 단계인 상황별 밴딧으로 문제를 확장한다.

# 02

# 밴딧과 강화학습

앞 장에서는 머신러닝을 소개하고, 머신러닝에 사용된 학습 유형, 즉 훈련 유형(비지도 훈련, 지도 훈련, 강화학습, 모방 학습, 커리큘럼 학습)을 소개했다. 우리가 논의했듯이, 다양한 학습 유형마다 장단점이 있다. 지도 훈련을 사용하는 머신러닝은 20년 전만 해도 게임에 잘 사용되었지만 실제로는 아무런 추진력도 얻지 못했다. 강화학습을 잘 이용하면 (인공지능이) 고전적인 아타리 게임을 사람처럼 할 수 있을 뿐만 아니라 사람보다 더 잘 할 수 있다는 것이 입증될 때까지는, 게임과 시뮬레이션 분야에서 머신러닝에 대한 관심의 불꽃이 다시 타오르지 않았었다. 강화학습은 머신러닝 연구에서 가장 인기 있는 주제 중 하나이며 계속해서 지속적으로 학습하는 인공지능을 구축할 수 있다는 잠재력을 보여준다. 우리는 이번 장의 대부분을 강화학습을 이해하고 ML-Agents를 사용해 게임 및 시뮬레이션에 어떻게 적용할 수 있는지 살펴보는 데 할애할 것이다.

강화학습 및 다른 형태의 고급 학습 기법에는 자체 기준이 아직 없어서 일반적으로 설정하기가 쉽지 않다. 그러므로 이 책의 진도를 빼면서 머신러닝, 즉 브레인을 스스로 개발해야 한다는 점을 명심하라. 강화학습을 평론한 많은 사람들은 하이퍼파라미터 설정 및 구성의 어려움을 언급하고 있는데, 따라서 우리는 이러한 문제를 극복하기 위한 여러 가지 유용한 전략을 모색할 것이다. 유니티 ML-Agents에는 기본적으로 이 전략들 중 몇 가지가 들어 있다.

이번 장에서는 강화학습의 여러 측면과 상황별 밴딧과 같은 다른 관련 원리를 살펴보겠다. 이번 장에서 다루는 주요 주제는 다음과 같다.

- 강화학습

- 상황별 밴딧 및 상태

- 탐색과 이용

- MDP 및 벨만 방정식

- Q 학습 및 연결된 밴딧

- 예제

여러분이 첫 번째 장을 그냥 지나쳐 온 경우라면 이 책의 소스 코드를 다운로드하고 Chapter_1_End에 있는 애셋 패키지를 로드하라. 먼저 깃허브에서 ML-Agents 코드를 가져와야 하는데 이 절차를 *1장, '머신러닝 및 ML-Agent 소개'*에서 찾을 수 있다.

## 강화학습

강화학습(Reinforcement Learning, RL)은 동물학과 행동 심리학에 기반을 두고 있으며, 게임 및 시뮬레이션에서부터 최적화, 정보 이론, 통계 및 기타 많은 분야를 매일 제어하는 등, 머신러닝의 많은 응용 분야에 사용된다. 가장 기본적인 수준에 해당하는 강화학습은 이러한 행동을 기반으로 긍정적 보상이나 부정적 보상을 받는 환경에서 에이전트의 행동을 서술한다. 다음은 무상태 강화학습(stateless RL) 모델을 보여주는 다이어그램이다.

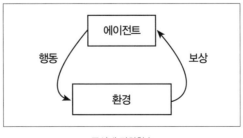

무상태 강화학습

편리하게도 1장에서 작성한 멀티암드 밴딧 문제는 이 간단한 형태의 강화학습에 잘 맞는다. 이 문제는 단 하나의 상태, 즉 우리가 1 스텝 강화학습 문제(one-step RL problem)로 언급한 것밖에 가지고 있지 않다. 에이전트가 상태를 고려하지 않아도 되므로 다음 방정식을 사용해 각 방정식의 값을 작성하기 위한 강화학습 방정식을 크게 단순화할 수 있다:

$$V(a) = V(a) + \alpha \times (r - V(a))$$

다음을 생각해 보라:

- $V(a)$   각 행동에 대한 값의 벡터(예: 1.2, 2.2, 3, 4)

- $a$   행동

- $\alpha$   0에서 1 사이의 학습 속도. 값이 0이면 학습이 없음을 의미하지만 값이 클수록 학습 속도가 빠름을 의미한다.

- $r$   행동에 대한 보상

여기에 있는 방정식을 가치 함수(Value function)라고 하며 이를 사용해 에이전트의 행동 값을 결정한다. 이 방정식의 작동 방식을 이해해 두면 좋을 것이므로, 이번 예제를 통해 이전의 밴딧 문제에 가치 함수를 추가하자.

1. 1장에서 잠시 내려놓았던 유니티 에디터를 다시 연다. **Player**의 브레인을 사용해 **Bandit**이 올바르게 작동하는지 확인하라.

 1장을 건너뛴 경우에 이 책의 소스 코드 폴더에 있는 Chapter_1_End.unitypackag에서 Chapter01의 코드에 액세스할 수 있다. 패키지가 로드된 후에 프로젝트가 제대로 작동하는지 테스트하라. Bandit 오브젝트를 다시 구성해야 하므로 오브젝트에 Bandit 스크립트가 연결되어 있고 Gold, Silver 및 Bronze 머티리얼이 설정되어 있는지 확인해야 한다.

2. **Brain** 오브젝트를 선택한 다음 인스펙터 창의 **Brain** 컴포넌트에서 **Brain Type**을 Heuristic으로 설정한다. 그런 다음 동일한 인스펙터 창의 제일 아래쪽에서 **Add Component** 버튼을 클릭하고 SimpleDecision 스크립트를 검색해 오브젝트에 추가한다.

**3.** 새 컴포넌트 옆의 톱니바퀴 아이콘을 클릭하고 **Edit Script**를 선택하라. 스크립트에 다음 코드를 입력하라:[1]

```csharp
using System.Collections.Generic;
using UnityEngine;²

public class SimpleDecision : MonoBehaviour, Decision
{
    private int action;
    private int lastAction;
    public float learningRate;
    public float[] values = new float[4];

    public float[] Decide(
        List<float> vectorObs,
        List<Texture2D> visualObs,
        float reward,
        bool done,
        List<float> memory)
    {
        lastAction = action-1;
        if (++action > 4) action = 1;
        if (lastAction > -1)
        {
            values[lastAction] = values[lastAction] + learningRate
                                        * (reward - values[lastAction]);
        }
        return new float[] { action };
    }
}
```

---

**1** (옮긴이) 1장에서부터 예제를 작성해 왔다면 굵게 표시한 부분만 추가하면 된다. 이 때 Decide 메서드의 제일 밑에 줄은 기존에 있던 코드와 형태가 조금 바뀌었다. 그러므로 Decide 메서드 내 바디(body) 부분은 아예 통째로 바꾸는 편이 더 편리할 것이다.

**2** (옮긴이) 유니티 최신 버전이 아닌 경우에는 이 줄 다음에 using MLAgents; 문을 추가해야 될 수도 있다. 이는 Decision 클래스가 유니티 최신 버전에는 기본적으로 내장되어 있지만, 이전 버전에서는 그렇지 않기 때문이다. 이 밖에도 이 책에 나오는 모든 코드에서 이런 문제가 발생하므로, 아예 처음부터 최신 유니티 버전을 사용하기 바란다.

```
        public List<float> MakeMemory(
            List<float> vectorObs,
            List<Texture2D> visualObs,
            float reward,
            bool done,
            List<float> memory)
        {
            return new List<float>();
        }
    }
```

SimpleDecision 스크립트는 행동(action)이 일어나는 곳이며, Decide 메서드는 행동을 설정해야 하는 곳이다. 이 예에서는 각 팔을 따라 차례로 팔을 당기는 데 대한 가치 함수를 결정한다. Decide 메서드에서 우리는 먼저 브레인의 마지막 행동을 가져온다. 그런 다음 루프를 돌리는 간단한 코드를 사용해 현재 행동을 증가시키고 행동이 4보다 클 때 다시 1로 재설정한다. 그러면 우리 에이전트가 이제 밴딧을 체계적으로 순환하게 된다.

각 팔이 당겨질 때 우리는 이전 작업에서 반환된 **보상(reward)**을 사용해 가치 함수의 새 값을 계산한다. 우리는 이렇게 계산된 여러 값을 한 배열에 저장하고, 편리하게 값들(values)이라고 부른다. 우리는 MakeMemory 내에서 동일한 메모리를 이 시점에서 반환할 것이다. 코드 편집이 끝나면 파일을 저장하고 유니티 에디터로 돌아가라.

이 상태에서 우리는 어떤 상태도 평가하지 않는다는 것을 명심하라. 우리의 에이전트는 모든 행동을 반복적으로 시도하고 시뮬레이션을 중지할 때까지 실행되는 예제이다. 우리는 표본을 거의 런(run, 連)[3]할 수 있다. 우리는 에이전트의 새 파라미터를 구성하기만 하면 된다.

---

## 에이전트 구성

유니티 에디터로 돌아가서 다음 단계에 따라 에이전트를 구성하라:

**1.** 하이어라키 창에서 Brain 오브젝트를 선택하라.

**2.** 다음 화면과 같이 인스펙터 창에서 **Simple Decision** 컴포넌트 파라미터들을 설정한다:

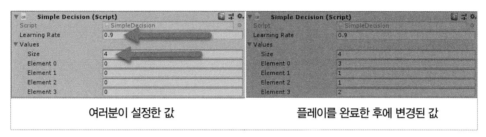

에이전트가 런하는 일과는 별개로 에이전트를 구성

**3.** 파라미터들을 다 입력했으면 프로젝트와 씬을 저장하라.

**4.** Play를 눌러 씬을 실행하고 **Brain** 오브젝트를 선택한 상태에서 각 행동의 값(행동 1의 경우 0)[4]이 각 팔을 당기는 reward 값으로 순식간에 수렴되는지 관측하라. 앞의 화면도 이를 보여준다. 1장에서 우리는 다음과 같이 설정했다는 것을 기억하라:

- Arm 1(1번 팔) = Gold(금) = 3 reward(3 보상)

- Arm 2와 3(2번 팔과 3번 팔) = Bronze(동) = 1 reward(1 보상)

- Arm 4(4번 팔) = Silver(은) = 2 reward(2 보상)

시뮬레이션을 실행할 때 관측 오류가 발생해도 걱정하지 마라. 이런 일이 때때로 프로젝트를 다시 로드할 때 발생한다. Brain 오브젝트를 선택하고 Brain (Script) 컴포넌트에서 모든 카메라 관측치를 삭제한다. 다시 말해서 길이(length)를 0으로 설정하라는 것이다[5].

---

**4** (옮긴이) 여기서 각 행동의 값은 Element0 ~ Element3에 기록되어 있다. 게임을 플레이하면 팔을 당긴 행동을 한 셈이 되어 각 행동 값이 보상 값으로 바뀐다. 이 때 Arm1을 당긴 데 따른 보상 값은 Element0에 기록되고, Arm2는 Element1에, Arm3은 Element2에, Arm4는 Element3에 기록된다.

**5** (옮긴이) visual observation 속성의 size 항목을 0으로 설정한다.

이 시점에서 우리는 아직 결정(decision)을 내리지 않고 있지만, 행동 값을 결정하는 데 사용할 수 있는 검증 가능한 방정식을 갖는 것이 얼마나 유용하다는 것을 알 수 있기를 바란다. 물론, 가치 함수를 사용하기 위한 의사결정 코드를 추가할 수 있다. 그런 식으로 브레인은 최선의 다음 행동을 평가할 수 있어 멀티암드 밴딧 문제를 해결할 수 있다(아니면 그렇게 할 수 있을지도 모른다). 다음과 같은 점을 생각해 보자: 에이전트의 첫 번째 행동 후 팔 1을 당기면 최대 보상 3을 받게 된다. 이 시점에서 에이전트는 최대 보상을 받은 후 중지하거나 탐색을 계속하거나 동일한 팔을 계속 당길 수 있다. 이것은 탐색/이용 딜레마(exploration/exploitation dilemma)로 알려져 있으며, 상황별 밴딧과 상태를 다루는 다음 단원에서 이러한 질문과 다른 질문을 다루는 데 더 많은 시간을 할애할 것이다.

## 상황별 밴딧과 상태

강화학습을 이해하려면 다음 단계로 상황별 밴딧 문제를 살펴봐야 한다. 상황별 밴딧이란 멀티암드 밴딧 문제이며, 각기 보상을 다르게 내는 밴딧이 여럿 있는 상태에 해당한다.[6] 이러한 문제 유형은 각 사용자를 각기 다른 밴딧이라고 생각해 볼 수 있는 온라인 광고에 많이 응용되며, 목표는 해당 사용자에게 가장 적합한 광고를 제공하는 것이다. 밴딧의 상황을 모델링하고 어떤 상황에 처한 밴딧인지를 모델화하기 위해 상태(state)라는 개념을 추가한다. 이제 우리는 각기 다른 밴딧을 표현하기 위해 상태를 해석한다. 다음 도표는 상황별 밴딧 문제(contextual bandit problem)[7]에서 상태를 추가한 것을 보여주는데, 이게 우리가 영광스러운 자리로 향하는 길에 밑바탕이 되어야 하는 것이다:

---

**6** (옮긴이) 게임장에 슬롯머신이 여러 대 있고, 각 슬롯머신마다 보상 금액이 다른 상황에 비유할 수 있다.

**7** (옮긴이) 흔히 '콘텍스트 밴딧'이나 '컨텍스트 밴딧' 등으로 다양하게 번역해 표현하지만, 여기서는 개념을 잘 나타내는 우리말로 번역했다.

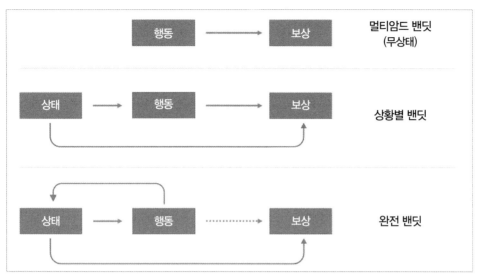

무상태(stateless) 밴딧, 상황별(contextual) 밴딧 및 완전(full) 밴딧에 대한 강화학습 모델

여러분은 앞의 다이어그램에서 행동을 평가하기 전에 상태를 결정해야 한다는 것을 알 수 있을 것이다. 이전에 배운 내용을 기억해 보면 가치 함수는 행동만 받아들이지만 이제 우리는 상태까지 평가해야 한다는 점을 알 수 있다. 우리의 가치 함수, 즉 V 함수를 재작성해 행동과 상태에 대한 입력을 품질 함수(Quality function), 즉 Q 함수로 받아들이도록 하라. 다음과 같이 가치 함수를 품질 면에서 다시 작성할 수 있다.

$$Q[s, a] = Q[s, a] + \alpha \times (r - Q[s, a])$$

다음을 고려하라:

- $Q[s, a]$    가치 테이블 또는 가치 행렬. 우리는 () 대신에 []를 사용해 $s$와 $a$가 별종이라는 점을 나타낸다.

- $s$    상태(state)

- $a$    행동(action)

- $\alpha$    0에서 1 사이의 학습 속도

- $r$    상태와 행동을 관측한 데 따른 보상(reward)

이렇게 하면 상태 및 행동을 입력으로 사용하고, 상태 또는 관측을 통해 주어진 행동의 품질을 반환하는 품질 함수, 즉 Q 함수가 제공된다. Q 함수와 V 함수가 모두 비슷하지만 유니티 내의 코드 구현은 다르기 때문에 신중하게 알아봐야 한다. 멀티암드 밴딧 문제를 상황별 밴딧 문제로 변환할 때는 다음 과정을 따라야 한다.

1. **Project** 창에서 Assets/Simple/Scripts 폴더를 연다. 마우스 오른쪽 버튼을 클릭해서 나온 컨텍스트 메뉴에서 **Create →** C# Script를 선택한다.

2. 새 스크립트의 이름을 SimpleArm으로 지정하고 더블클릭해 코드 에디터를 연다.

3. 간단히 다음 코드로 스크립트를 바꾸라:[8]

```
using System.Collections;
using System.Collections.Generic;
using UnityEngine;

public class SimpleArm : MonoBehaviour {

    public Material material;
    public int rewardValue;

}
```

4. SimpleArm은 material 및 rewardValue에 대한 간단한 컨테이너이다. 코드 편집이 끝나면 파일을 저장하라.

5. 하이어라키 창에서 **Bandit** 오브젝트를 찾으라. 인스펙터 창에서 **Bandit (Script)** 컴포넌트 옆의 톱니바퀴 모양 아이콘을 클릭하고 컨텍스트 메뉴에서 **Edit Script**를 선택하라.

6. Bandit.cs 스크립트의 Gold, Silver 및 Bronze 머티리얼 필드를 다음 코드로 바꾼다.

```
public SimpleArm[] arms;
```

---

**8** (옮긴이) 굵게 표시한 부분만 대체하면 된다.

7. 우리는 이제 arms라고 불리는 SimpleArm 행렬을 사용할 것이다.

8. PullArm 메서드의 전체 내용을 다음 코드로 바꾼다.

```
if (arm < 0 || arm > arms.Length)
    return 0;
mesh.material = arms[arm - 1].material;
return arms[arm - 1].rewardValue;
```

9. 보다시피, 이렇게 팔을 추상화하면 PullArm 메서드가 아주 단순해진다. 파일을 저장하고
   유니티로 돌아간다.

이제 Bandit.cs 및 SimpleArm.cs 스크립트가 완성되었으므로 유니티로 돌아가서 씬에서 게
임 오브젝트를 설정할 수 있다.

종종 여러분이 씬을 구성할 때 여러분은 파생된 스크립트들이나 씬 오브젝트들부터 먼저 바꾸기를
바랄 수도 있다. 이것을 어떻게 하는지는 여러분이 달려드는 문제에 달려 있거나 단순히 개인적인
취향에 따를 뿐이다. 유니티에서는 씬에서 시각적인 자리표시자를 구성하고 나중에 논리를 채울 수
있다는 점에서 훌륭하다.

## 상황별 밴딧 만들기

이제 Bandit 클래스 및 SimpleArm 클래스에 대한 업데이트된 로직을 사용해 씬 오브젝트를 구성
해 계속 진행할 수 있다. 여러 밴딧을 만들려면 다음 단계를 따르라.

1. 메뉴에서 GameObject → Create Empty를 선택하라. 이렇게 해서 만들어진 새 오브
   젝트의 이름을 Arms로 바꾼다. 우리는 밴딧들이 공유할 모든 밴딧 팔들을 위한 컨테이
   너를 만들 예정이다. 팔들을 공유하면 이 작업을 훨씬 간단하게 설정할 수 있다.

2. 하이어라키 창에서 새 Arms 오브젝트를 선택한 다음 마우스 오른쪽 버튼을 클릭해 상황
   메뉴를 돌출시킨 다음 Create Empty를 선택한다. 이렇게 함으로써 Arms의 새로운
   자식 오브젝트를 생성해야 한다. 새 자식 오브젝트의 이름을 GoldArm으로 바꾼다.

3. 하이어라키 창에서 **GoldArm**을 선택하고 인스펙터 창에서 **Add Componet**를 클릭한다. 그런 다음 돌출되어 나온 검색 창에서 **Simple Arm**을 선택함으로써 컴포넌트를 추가한다. 이렇게 추가된 컴포넌트의 **Material** 속성 및 **rewardValue** 속성을 원하는 값으로 설정하라.[9]

4. **GoldArm**을 선택한 상태에서 Ctrl + D(macOS에서는 Command + D)를 눌러 팔을 복제하라. 새 팔인 **SilverArm**의 이름을 바꾸고 속성을 적절하게 조정한다.

5. **BronzeArm**이라 부르는 다른 팔에 대해 4번 단계를 반복하라. 자신의 재량에 따라 더 많은 팔을 만들 수 있다. 다른 머티리얼과 보상 값을 사용해 보라.

6. 하이어라키 창에서 **Bandit** 오브젝트를 선택하고 인스펙터 창에서 다음 화면과 같이 **Bandit** 컴포넌트에 네 개의 팔을 부여한다:[10]

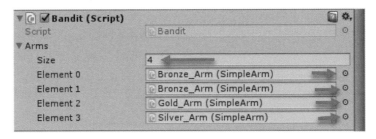

밴딧 팔 설정

7. 밴딧을 복제하려면 **Bandit** 오브젝트를 선택하고 Ctrl + D(macOS에서는 Command + D)를 입력하라. 오브젝트의 이름을 **Bandit_2**로 변경한 다음에 여러분이 원하는 대로 팔을 다시 구성하면 되지만, 각 밴딧이 팔을 네 개씩 지녀야 한다.[11]

---

9 (옮긴이) 역자의 경우에는 Material(재질)로는 'Gold'를 선택하고, Reward Value(보상 값)으로는 3을 입력했다. 금메달이므로 보상 값을 가장 높게 한 것이다. 뒤이어 나오는 SilverArm(은팔)에는 보상값을 2로, BronzeArm(동팔)에는 보상값을 1로 설정했다.

10 (옮긴이) 먼저 인스펙터 창에서 Arms라고 쓰인 부분을 찾아 왼쪽 화살표를 누르면 Size 속성이 나타난다. 그런 다음 이 속성에 4를 입력하고 엔터 키를 눌러야 Element 0부터 Element 4까지 이르는 속성이 생긴다. 유니티를 잘 알면 이런 점을 굳이 설명하지 않아도 되겠지만 혹시 몰라서 여기에 설명해 둔다. 다음에 이와 비슷한 일을 보거든 이런 식으로 처리하면 된다. 이후에는 굳이 설명하지 않겠다.

11 (옮긴이) 어차피 Bandit 오브젝트를 복사했다면 팔(Arms)가 네 개씩 있을 것이다. 그리고 각 팔(즉, Element 0부터 Element 3까지)에 GoldArm(금팔), SilverArm(은팔), BronzeArm(동팔) 중에 적당한 것을 새로 지정하면 된다.

8. 7 단계를 반복해 Bandit_3과 Bandit_4라는 이름의 밴딧 두 개를 추가한다. 각 밴딧의 팔 위치를 다르게 구성해야 한다.

9. 각 밴딧의 Transform 컴포넌트 내 Position 속성을 X 값이 각 밴딧 사이에 간격을 두 고 한 줄로 정렬되도록 설정하라.[12]

10. 완료되면 씬과 프로젝트를 저장하라.

끝나고 나면 포암드 밴딧 네 개가 생겨 $4 \times 4$ 상태 테이블을 나타내는 Q 함수를 얻을 수 있다. 기억해 보면, SimpleDecision에 V 함수를 배치했으므로 다음으로 의사결정 코드를 업데이트해 야 한다.

## ContextualDecision 스크립트 만들기

이제 의사결정 코드를 멀티암드 밴딧 상태 문제에서 상황별 밴딧 문제로 업그레이드해야 한다. 에디터로 뛰어들어 다음 단계를 따르라.

1. Assets/Simple/Scripts 폴더에서 SimpleDecision 스크립트를 찾는다. 스크립트를 선택하 고 Ctrl + D(macOS에서 Command + D)를 입력해 스크립트를 복제하라. 그러면 스 크립트가 복제되면서 오류가 발생할 수도 있다. 걱정 마라. 이 오류는 이름이 중복되어 생긴 것으로 곧 수정하겠다.

2. 새 스크립트의 이름을 ContextualDecision로 바꾼 다음 더블클릭을 해서 코드 에디터에서 연다.

3. 다음과 같이 클래스 이름을 ContextualDecision으로 바꾸라:

```
public class ContextualDecision : MonoBehaviour, Decision
```

---

12 (옮긴이) 역자는 Bandit의 X 값은 0, Bandit_2의 X 값은 2, Bandit_4의 X 값은 4, Bandit_6의 X 값은 6으로 설정했다. 이렇게 하니 각 Bandit이 1만큼 간격을 두고 나란히 보기 좋게 떨어져 있게 되었다.

**4.** 다음과 같이 스크립트 맨 위에 있는 변수 선언 부분을 추가하거나 수정하라:

```
private int action;
private int lastAction, lastState;
public float[][] q;
public float learningRate;
```

**5.** 다음으로, 새로운 Awake 메서드를 추가해 q 테이블을 다음과 같이 초기화한다:

```
public void Awake()
{
    q = new float[4][];
    for (int i = 0; i < 4; i++)
    {
        q[i] = new float[4];
    }
}
```

**6.** Decide 메서드도 다음과 같이 업데이트해야 한다. 복제할 때 따라온 코드가 있을 것이므로 강조한 부분만 바꾸면 된다:

```
public float[] Decide(
    List<float> vectorObs,
    List<Texture2D> visualObs,
    float reward,
    bool done,
    List<float> memory)
{
    lastAction = action-1;
    if (++action > 4) action = 1;
    if (lastAction > -1)
    {
        // 이 부분은 기존 values로 시작하던 문장을 대체하는 문장이다.
        q[lastState][lastAction] = q[lastState][lastAction]
                            + learningRate * (reward - q[lastState][lastAction]);
    }
```

```
    lastState = (int)vectorObs[0]; // 이 부분은 추가한다.
    return new float[] { action };
}
```

7. 직전 예제에서 사용한 `value` 함수를 `q` 함수로 바꾼 방식에 주목하라. `q` 함수, 즉 Q 함수는 상태뿐만 아니라 행동을 추적한다는 점을 기억하라. 마지막에 `vectorObs[0]` 값을 상태로 저장한다. 관측(observation)이란 상태를 파악하는 일 또는 상태를 관측하는 일이다. 이 예제의 상태는 에이전트가 팔을 당기는 현재의 밴딧을 나타낸다.

8. 스크립트를 저장하고 에디터로 돌아가라. 진도를 나아가기 전에 컴파일 오류가 없는지 확인하라. 다음으로, 우리는 브레인의 의사결정(decision) 스크립트를 대체해야 한다.

9. 하이어라키 창에서 Brain 오브젝트를 찾아 선택하라. 인스펙터 창으로 이동해 Simple Decision (Script) 컴포넌트를 Contextual Decision (Script) 컴포넌트로 바꾼다.

 여러분은 이미 1장에서 일부 컴포넌트와 스크립트를 교체해 본 적이 있다. Contextual Decision (Script) 컴포넌트의 learningRate도 마지막 예제에서와 마찬가지로 0.9 값으로 다시 설정해야 한다는 점에 주의하라.

그러면 새로운 `ContextualDecision` 스크립트가 완성되고 이제는 에이전트 스크립트를 업데이트할 수 있다.

## 에이전트 업데이트

이제 거의 다 했다. 마지막으로 해야 할 일은 에이전트가 밴딧을 인식하고 현재의 밴딧에 대한 관측을 반환하도록 설정하는 것이다. 유니티 에디터에서 `SimpleAgent` 스크립트를 더블클릭해 열고 다음 단계에 따라 스크립트를 업데이트하라:

1. 다음 필드 선언을 다음과 같이 바꾸라:

```
public Bandit bandit; //delete me
public Bandit currentBandit;
public Bandit[] bandits;
```

**2.** 다음으로 CollectObservations 메서드를 다음과 같이 업데이트해야 한다:

```
public override void CollectObservations()
{
    var bandit = Random.Range(0, bandits.Length);
    currentBandit = bandits[bandit];
    AddVectorObs(bandit);
}
```

**3.** 이제 우리는 현재 에이전트가 있는 상태에 대한 관측을 반환하는 중이다. 우리는 bandits 배열에서 currentBandit을 선택하는 데 사용하는 bandit 인덱스[13]를 무작위로 선택해 상태를 결정한다. 우리는 AddVectorObs(bandit) 호출을 사용해 관측, 즉 상태를 반환한다.

**4.** 다음과 같이 AgentAction 메서드를 수정하라.

```
public override void AgentAction(float[] vectorAction, string textAction)
{
    int action = (int)vectorAction[0];
    AddReward(currentBandit.PullArm(action));
}
```

**5.** 우리는 AgentAction에서 다시 행동을 추출하고 있는 중이다. 그러면서 currentBandit에서 행동을 실행하고 보상을 모은다.

**6.** 마지막으로 AgentReset 메서드를 다음과 같이 업데이트해야 한다.

```
public override void AgentReset()
{
    if(currentBandit) currentBandit.Reset();
}
```

**7.** 우리는 그저 Reset을 호출하기 전에 currentBandit이 설정되어 있는지 확인하기를 바랄 뿐이다. 편집이 끝나면 파일을 저장하고 유니티로 돌아간다.

---

**13** (옮긴이) 수학 용어로는 '첨수'.

8. 하이어라키 창에서 Agent 오브젝트를 선택하고 다음 화면과 같이 Simple Agent (Script) 컴포넌트에서 Bandits를 설정하라.

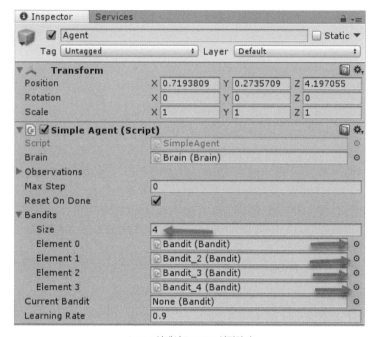

Agent 상에서 Bandits 설정하기

이전 화면에서 본 바와 같이 이제 우리의 에이전트가 구성되었다. 그러므로 이제 우리는 Brain 오브젝트 및 SimpleDecision 스크립트를, 환경을 '탐색'할 뿐만 아니라 '이용'까지도 할 수 있게 하는 메서드나 알고리즘으로 업데이트해야 한다. 우리는 다음 단원에서 '탐색'과 '이용' 을 다룰 것이다.

## 탐색과 이용

우리가 강화학습에서 직면하는 딜레마 중 하나는 모든 가능성 있는 행동을 탐색하는 일과 최 상의 행동을 취하는 일 사이에서 균형을 잡아야 한다는 점이다. 멀티암드 밴딧 문제에서 우리 의 탐색 공간은 본질적으로 팔을 하나씩 다 당겨 보는 방식, 즉 전사(brute force) 방식으로 수 행하기에는 아주 작았다. 그러나 더 복잡한 문제인 경우에 상태의 개수는 지금까지 알려진 우주 내 원자의 개수를 초과할 수 있다. 그렇다. 말 그대로다. 그러한 경우 우리는 탐색과 이용 (exploration/exploitation)[14]이라는, 딜레마의 균형을 유지할 수 있는 정책이나 방식을 수립해야 한다. 이렇게 할 수 있는 몇 가지 방식이 있는데, 여러분이 이렇게 하기에 가장 흔한 방식들은 다음과 같다.

- **탐욕적 최적화(greedy optimistic)**[15]: 에이전트는 처음에 q 테이블에서 높은 값으로 시작한다. 이는 에이전트가 항상 최선의 행동을 탐색하기 때문에 에이전트가 적어도 한 번은 모든 상태를 탐색하도록 강제한다.

- **잡음을 넣은 탐욕(greedy with noise)**: 각 단계마다 값 추정치에 잡음을 임의로 추가한다. 마구잡이 잡음(random noise)은 최적의 행동 값과 현재 값 사이의 범위에 있다. 이렇게 하면 행동 값이 최적값으로 수렴된다.

- **엡실론 탐욕(epsilon greedy)**: 이 경우에는 에이전트가 임의로 탐색할 확률 또는 수렴 확률을 설정한다. 각 단계에서 에이전트가 무작위로 탐색하거나 현재 상황에서 최선인 조치를 탐욕스럽게 선택할 가능성이 있는지 테스트한다.

이 예제에서는 **엡실론 탐욕**이라는 탐색/이용 방식을 사용하겠지만 다른 두 가지 옵션도 만들어서 사용해 보는 게 좋다. 다음 단원에서 우리는 이 형태의 탐색을 추가할 것이다.

## SimpleDecision을 사용한 의사결정

우리는 상황을 단순하게 유지하기 위해 멀티암드 밴딧 문제에 결정 논리를 추가하는 일을 무시했다. 이제 우리는 강화학습을 더 잘 이해하게 되었고 탐색 대 이용이라는 딜레마를 갖게 되었으므로 엡실론 탐욕이라는 탐색 방식을 추가로 살펴볼 수 있다. **엡실론 탐욕** 방식으로 하는 탐색은 에이전트가 탐색할 때 시간이 지남에 따라 에이전트의 무작위 탐색 기회가 감소하는 방법이다. 이렇게 하면 에이전트가 초기에는 자주 탐색하게 되지만, 에이전트가 학습을 할수록 무작위한 행동이 줄어든다. 코드 에디터에서 ContextualDecision 스크립트를 열고 다음 단계를 수행하라.

---

14  (옮긴이) '탐험과 이용'이라고 부르기도 한다.

15  (옮긴이) 최적해를 탐욕적으로 탐색(또는 탐험)하는 알고리즘이라는 뜻이다. 여기서 사용하는 알고리즘은 보통 탐욕 알고리즘(Greedy algorithm)이라고 부른다. '그리디 알고리즘'이라고도 한다.

**1.** 파일의 맨 위에 다음 using 문을 추가하라.

```
using System.Linq;
```

**2.** 다음 선언을 사용해 클래스에 엡실론 탐색 필드를 추가한다.

```
public float explorationEpsilon;
```

**3.** explorationEpsilon 필드는 브레인(즉, 의사결정 주체)[16]이 탐색하기를 원하는지를 결정하는 데 사용된다. 이 임계 값은 에이전트가 검색을 원하는 방식을 무작위로 결정한다. 이 것은 우리의 엡실론 탐욕 방식에서 다루는 바로 그 엡실론이다. 나중에 브레인을 훈련할 때 0에서 1.0의 값으로 설정한다.

**4.** 다음과 같이 Decide 메서드의 마지막 줄을 수정하라:

~~return new float[] { action };~~ //이 줄을 다음 줄로 바꾸면 된다.

**return DecideAction(q[lastState].ToList());**

**5.** 다음과 같이 DecideAction 메서드를 추가하라:

```
public float[] DecideAction(List<float> state)
{
    var r = Random.Range(0.0f, 1.0f);
    explorationEpsilon = Mathf.Min(explorationEpsilon - .01f, .1f);
    if(r < explorationEpsilon) [[[[[
    {
        action = RandomAction(state) + 1;
    } else {
        action = GetAction(state) + 1;
    }
    return new float[] { action };
}
```

---

**16** (옮긴이) 유니티에서는 Brain이라는 오브젝트와 decesion이라는 문구가 포함된 이름을 갖춘 여러 스크립트들.

**6.** Decide에서 우리는 0.0f에서 1.0f 사이의 값을 무작위로 생성한다. 이 값, 즉 r은 explorationEpsilon 변수와 비교된다. 만약 r이 explorationEpsilon보다 작으면 우리는 무작위로 행동을 취하고, 그렇지 않으면 GetAction을 호출해 행동을 반환한다. 그런 다음, 이전에 우리가 했던 것과 마찬가지로 선택된 action으로 배열을 반환한다. 의사결정을 하기 위해 호출할 때마다 우리가 explorationEpsilon을 어떻게 줄이고 있는지 주목하라. 다시 말하면, 우리는 이것을 초기 탐색을 장려하는 방법으로 수행하지만, 시간이 지남에 따라 우리 에이전트가 자신감 있게 결정을 내릴 수 있는 환경을 충분히 배울 것이라고 기대한다. 우리는 하드코딩된 두 값, 즉 최소 explorationEpsilon 값(현재는 .1f로 하드코딩됨)이나 감소율(현재는 .01f로 하드코딩됨)을 속성으로 추가하는 일은 여러분에게 맡길 것이다.

**7.** 다음으로, 우리는 RandomAction 메서드를 다음과 같이 생성한다:

```
private int RandomAction(List<float> states)
{
    return Random.Range(0, states.Count);
}
```

**8.** 그런 다음 GetAction 메서드를 다음과 같이 만든다:

```
private int GetAction(List<float> values)
{
    float maxValue = values.Max();
    return values.ToList().IndexOf(maxValue);
}
```

**9.** GetAction에서 우리는 먼저 Linq를 사용하는 모든 상태의 maxValue<sup>최댓값</sup>를 찾는다. 그런 다음 maxValue의 인덱스 위치를 반환한다. maxValue는 또한 우리의 **action** 인덱스이다. 이것은 가장 높은 보상을 가진 것을 선택함으로써 가장 좋은 행동을 고르는 탐욕 방식이다.

**10.** MakeMemory를 그대로 둔 채 유니티로 돌아가기 전에 파일을 저장하라.

11. Academy 아래에 있는 Brain을 하이어라키 창에서 선택하고 다음 화면과 같이 구성하라:

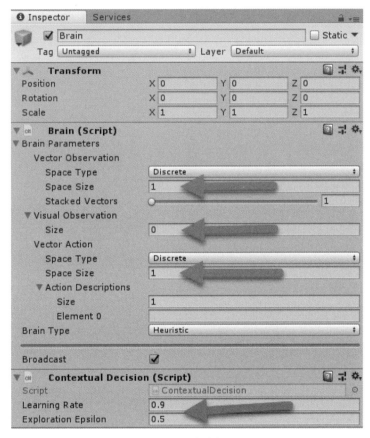

Brain 구성 설정

12. 우리는 Exploration Epsilon 값으로는 0.5라는 높은 초기값을 사용한다. 그러면 우리 에이전트가 더 많이 탐색할 수 있다. 씬과 프로젝트를 저장하라.

13. Play를 눌러 프로젝트를 실행하고 에이전트가 팔을 당길 때 지켜본다. 어떤 시점에서는, 가장 높은 보상을 내는 팔(우리의 예에서는 Gold)이 더 자주 보일 것이다.

**14.** 몇 초 또는 최대 1분 정도 기다리면 에이전트는 강조 표시된 머티리얼을 각 밴딧에 보여주는 식으로 최대 보상을 지불해야 한다. 이제 때때로, 여러분의 에이전트가 다른 밴딧의 팔을 잡아당겨서 한쪽의 밴딧을 놓칠 수 있으며 다음 화면과 같이 청동 팔이나 은색 팔에 걸리는 것을 볼 수 있다.

Bandit 보상을 극대화하는 방법을 배운 에이전트

**15.** Brain 오브젝트의 ContextualDecision 속성을 수정해 앞의 화면을 복제할 수 있는지 확인하라. Gold를 보여주는 모든 Bandits를 얻으려면 어떻게 되는지 보라. 그런 다음 반대로 시도해 보고 에이전트를 얼마나 나쁘게 실행할 수 있는지 보라.

여러분은 이제 강화학습에서 탐색의 중요성과 일부 절충점을 더 잘 이해해야 한다. 여러분도 알고 있겠지만, 에이전트가 탐색하는 양과 잘못된 확신으로 인해 장님이 될 수도 있는 일 사이에서 정교한 균형을 유지할 수 있다. 잘못된 확신은 머신러닝과 강화학습 전체에서 큰 문제가 될 수 있다. 데이터 과학자들과 다른 머신러닝 종사자들은 훈련 데이터셋에 대해 그들 자신의 알고리즘을 개발한 다음 보이지 않는 테스트[17], 즉 추론 데이터셋에 대해 알고리즘을 테스트함으로써 이 문제를 해결했다. ML-Agent에서는 훈련 환경을 사용해 모든 훈련을 수행한다. 여러분은 나중에 추론 환경에서 자체적으로 추가 훈련을 할 수 있다.

---

**17** (옮긴이) 수학 및 통계학 용어로는 '검정'에 해당.

학습 속도(learning rate)와 방금 진행한 엡실론 탐색(exploration epsilon) 파라미터는 하이퍼 파라미터로 분류된다. 브레인, 즉 머신러닝 알고리즘이 최상의 전역해(the best global solution)를 배울 수 있게 하려면 이러한 파라미터를 종종 조정해야 한다. 앞에서 보았던 것처럼 이 잘못된 파라미터 값을 선택하는 경우에는 국소 최적해(a local optimum solution)만 찾을 수 있다.

이전 실습에서 우리는 상황에 맞는 강화학습 에이전트가 자신감을 갖고 탐색하고 확신할 수 있도록 탐색의 중요성과 균형을 소개했다. 다음 단원에서 우리는 전체 강화학습 문제로 넘어가서 더 복잡한 문제를 해결하기 위해 에이전트를 만드는 방법을 학습한다.

## MDP와 벨만 방정식

이전에 강화학습을 공부했다면, 여러분은 이미 마르코프 결정 과정(Markov decision process, MDP)을 의미하는 MDP라는 용어를 벨만(Bellman) 방정식에 적용했을지도 모른다. MDP는 이산 시간 확률 제어(https://en.wikipedia.org/wiki/Stochastic) 과정으로 정의되지만, 더 간단히 말하자면 수학과 결합된 불확실성의 일부 양을 기준으로 의사결정을 내리는 과정이다. 이 다소 모호한 설명은 강화학습을 사용해 의사결정을 내리는 방법과 여전히 잘 맞는다. 사실, 우리는 이번 장에서 내내 모든 MDP 과정을 개발해 왔으므로 여러분은 이제 그 개념에 상당히 익숙해야 한다.

지금까지 우리는 부분적인 강화학습 또는 1 스텝 문제(one-step problem)[18]만 모델링했다. 우리의 상태 관측은 단지 1 스텝 또는 1 행동을 위한 것이었는데, 여기서 1 스텝이란 에이전트가 항상 즉각적인 보상이나 처벌을 받는다는 것을 의미했다. 전체 강화학습 문제에서, 에이전트는 긍정적인 보상을 받기 전에 몇 가지 조치를 취해야 할 수 있다. 이 고급스러운 보상, 즉 지연된 보상(delayed reward)을 모형화하기 위해 다음과 같은 벨만 방정식을 사용해야 한다.

---

**18** (옮긴이) 즉, '한 걸음 문제'라는 말로도 표현할 수 있다. 한 걸음씩 걷듯이 한 가지씩 행동을 해 나간다는 뜻이다.

$$Q(s,a) = r + \gamma \max_{a'} Q(s',a')$$

다음을 생각해 보라:

- $r$      보상

- $\gamma$      감마(보상 할인 요인 0 ~ 1.0)

- $\max_{a'}$      상태에 대한 모든 행동의 최대치

벨만 방정식은 미래의 최대 보상을 예측하는 데 사용된다. 이것을 이전의 Q 함수와 결합해 다음 방정식을 도출할 수 있다:

$$Q_{t+1}(s_t + a_t) = Q_t(s_t + a_t) + \alpha \left( r_{t+1} + \gamma \max_a Q_t(s_{t+1}, a) - Q_t(s_{t+1}, a) \right)$$

다음을 기억하라:

- $\alpha$      학습 속도

벨만 방정식은 이전 예제에서 이미 사용했던 방정식과 크게 다르지 않은 새로운 Q 학습 방정식을 만든다. 벨만 방정식을 추가함으로써, 우리는 이제 미래 보상의 1단계를 설명하고 방정식에 미묘한 변화가 있음을 알 수 있다. 특히 이것은 다음 상태의 최대 보상 계산을 허용하는 Q 함수의 입력으로 미래의 상태를 취하는 방법을 포함한다. 방정식은 기본적으로 각 상태 및 행동 쌍에 대한 가치 이동 경로를 설정해 작동한다. 에이전트는 이러한 가치 이동 경로 값이 최대가 되었을 때 학습을 한다. 그런 다음 에이전트는 이러한 가치 이동 경로를 사용해 최대 보상이 되는 쪽으로 향한다. 다음 다이어그램은 에이전트가 이미 100번을 반복해서 달려 본 다음 여러 값과 Q 값을 결정한 게임 영역 격자를 보여준다.

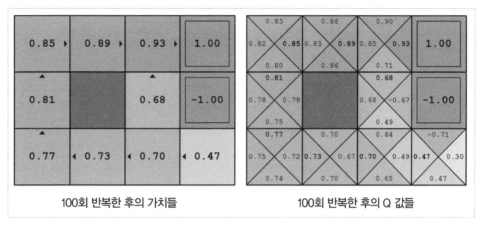

격자에 표시된 값 및 Q 값

1.0과 −1.0의 값을 갖는 사각형은 끝부분에 있는 사각형에 대한 최종 보상을 나타내지만 다른 모든 사각형은 −1의 보상 값을 갖는다. 격자(grid)의 사각형에 손가락을 대고 최대 Q 값이 가리키는 방향을 따라가면 Q 학습 에이전트와 마찬가지로 최대 보상 경로를 찾을 수 있다.

  *해당 경로는 에이전트가 최적이 되는 경로인가? 더 나아질 수 있을까?*

다음 단원에서 우리는 에이전트 미로에 밴딧을 연결해 Q 학습을 더 시연할 것이다.

## Q 학습 및 연결 에이전트

일반적으로 Q 학습은 이전 단원에서 살펴본 것과 같은 격자 문제를 사용해 학습한다. 여기에 우리는 좀 더 복잡하고 추상적인 무엇인가가 필요한데, 독자인 여러분은 그것을 구축하고 더 깊이 탐구할 수 있다. 우리는 밴딧을 출구가 여러 개인 방이나 오브젝트로 나타내는 흥미로운 예제에 결합했다. 이 예제는 에이전트를 통해 이동해야 하는 지하 감옥이나 다른 연결된 방 구조를 매우 쉽게 나타낼 수도 있다. 연결 에이전트(connected agents) 예제를 시작하려면 다음 단계를 따르라.

1. 유니티 메뉴에서 Assets → Import Package → Custom Package...를 선택한 다음 책에 나온 대로 내려받은 소스 코드로 이동해 Chapter_2_Connected_Bandits라는 이름으로 된 패키지를 가져온다.[19] 이 예제는 미리 완성되어 있다. 유니티를 사용하면서 더 많은 경험을 하고 싶어 하는 여러분에게 미리 양해해 두지만, 우리는 가능한 한 머신러닝에 더 많은 시간을 할애하고 싶다.

2. 모든 애셋을 가져온 다음 Assets/Simple 폴더에서 찾을 수 있는 ConnectedBandits<sup>연결</sup> <sub>된밴딧</sub> 씬을 연다. 씬을 연 후에는 다음 화면처럼 생긴 것을 보아야 한다.

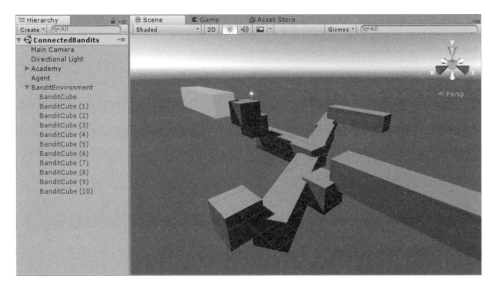

ConnectBandits 씬

3. 각 큐브 또는 길쭉한 사각형은 방 한 개 또는 연결된 오브젝트를 나타낸다. 에이전트는 큐브 중 하나에 무작위로 떨어뜨려져 1.0 보상이 있는 최종 Gold 큐브에 도달할 것으로 예상된다. 다른 모든 큐브에는 −.1의 보상이 있다.

---

19 (옮긴이) 이 책을 번역하는 시점에서 코드를 내려받을 수 있는 주소는 https://www.packtpub.com/books/content/support/34063이다. 이 페이지의 하단에 보면 조그만 글씨로 'Code Download – 2018-06-30'라는 문구가 보일 것이다. 이것을 클릭하면 압축 파일을 내려받을 수 있다. 내려받은 파일을 적절한 곳에 놓고 풀어 보면 그 안에 폴더들이 계층적으로 구성되어 있고, 그 중에 여기서 말하는 패키지 파일도 있다. 혹시 이 페이지를 찾을 수 없거나 내려 받을 수 없다면, 책의 앞 부분에서 설명한 내용을 참고하라.

4. Play를 눌러 씬을 실행하라.[20] 파란색 머티리얼로 표시된 에이전트가 각 큐브를 차지하면서 마지막까지 길을 찾는다(Gold 큐브). 에이전트를 얼마 동안 달리게 놓아 두면 결국에는 집으로 돌아오기 좋을 길을 찾는 것을 볼 수 있어야 한다. 에이전트의 진행 상황에 만족하면 씬을 중지하라.

미로는 BanditCubes를 사용해 구성한다. 이 큐브는 큐브가 접촉하는 다른 큐브를 자동 감지할 수 있도록 콜라이더(colliders)[21]로 설정된 오브젝트이다. 이렇게 하면 임의의 방법으로 Ctrl + D(macOS에서는 Command + D)를 누르거나 큐브를 움직여 새로운 큐브를 추가함으로써 자신만의 미로를 수정할 수 있다. 큐브에 접촉하기만 하면 에이전트는 따라야 할 경로를 갖게 된다. 아주 복잡한 미로를 만들고 에이전트 훈련에 소요되는 시간을 확인하라.

## Q 학습 ConnectedDecision 스크립트 살펴보기

큐브들을 자동으로 연결하려면 특별한 코드 처리가 필요한데, 우리는 그것을 간과하지 않을 것이다. 이 예제를 확장하려는 독자는 코드를 더 자세히 살펴보기를 권한다. 우리 목적에 맞춰 꼭 살펴볼 것은 의사결정 스크립트의 변경 내역이다. Assets/Simple/Scripts 폴더에서 ConnectedDecision 스크립트를 찾아 더블클릭함으로써 에디터에서 열어 다음 단계를 수행하라:

1. 맨 위에는 다음과 같은 선언문이 있다:

```
public float learningRate = .9f;
public float gamma = .9f;
public float explorationEpsilon;

private float[ ][ ] q;
private int lastAction, lastState;
private int action;
```

**2.** 미래의 보상을 할인(discount)[22]하는 데 사용할 새로운 용어인 gamma감마를 도입했음을 알 수 있다.

**3.** 조금 아래로 스크롤해 Q 속성, 즉 Q 함수를 찾는다.

```
public float[ ][ ] Q {
    get {
        if (q == null)
        {
            var connectedAcademy =
                    Object.FindObjectOfType<ConnectedAcademy>() as ConnectedAcademy;
            q = new float[connectedAcademy.bandits.Length][ ];
            foreach(var bandit in connectedAcademy.bandits)
            {
                if (bandit.Connections.Count == 0)
                {
                    q = null;
                    return q;
                }
                q[bandit.index] = new float[bandit.Connections.Count];
            }
        }
        return q;
    }
}
```

**4.** 우리는 편리하게 처리할 수 있게 Q를 속성(property)[23]으로 쓴다. 내부에서는 밴딧 연결을 기반으로 초기값을 설정한다. ConnectedAcademy는 BanditCubes의 컨테이너인 BanditEnvironment에 대한 참조를 보유한다. 각 밴딧에 대한 연결 수가 다를 수 있으므로 가변 배열을 구성하는 방법에 유의하라.

---

**22** (옮긴이) '감가' 또는 '차감'이라고도 부르지만 금융계에서 흔히 쓰는 용어를 도입하자면 '할인'이 적절해 보인다.

**23** (옮긴이) 원래는 클래스가 지닌 정보 자산(information properties)이라는 뜻이므로 '자산'이라는 말이 적절하겠지만 대부분 '속성'이라고 부른다. 다만 유니티 사의 경우에는 attribute(속성)라는 말과 구분하기 위해서 '프로퍼티'라고 부른다.

우리가 방금 유도한 Q 학습 방정식은 앞으로 나올 여러 장에서 더 자세히 살펴볼 강화학습 알고리즘 계열과 그 밖의 여러 가지 기술에 사용된다. 우리는 단지 강화학습과 다른 형태의 학습에 대한 탐구를 이제 막 시작한 것이므로, 이후에 나올 여러 장에서 더 자세히 살펴볼 생각이다.

5. 마지막으로, 이 코드에서 볼 수 있듯이 Decide<sup>의사결정</sup> 메서드의 주요 변경 사항은 다음과 같다.

```
public float[] Decide(
    List<float> vectorObs,
    List<Texture2D> visualObs,
    float reward,
    bool done,
    List<float> memory)
{
    if (Q == null) return new float[] { 0 };

    lastAction = action-1;
    var state = (int)vectorObs[0];
    if (lastAction > -1)
    {
        Q[lastState][lastAction] = Q[lastState][lastAction]
                                 + learningRate
                                 * (reward + gamma * Q[state].Max())
                                 - Q[lastState][lastAction];
    }
    lastState = state;
    return DecideAction(Q[state].ToList());
}
```

6. 이미 Decide 메서드에 있는 대부분의 코드를 다루었으므로 다시 검토하지 않아도 된다. 이 Q 함수와 이전 예제에서 살펴본 이전 버전의 차이점을 확실히 이해하라.

여기에는 우리가 살펴봐야 할 관련 코드가 대부분 포함된다. 앞서 언급했듯이 이 버전을 자동으로 실행하는 데 필요한 코드 변경 사항이 많다. 다른 코드가 흥미로울 수는 있지만 머신러닝 학습에 대한 현재의 여정에 꼭 필요하지는 않다.

예제의 유일한 다른 주요 변경 사항은 에이전트의 Max Steps를 0에서 100으로 바꿔 설정한 것이다. 이는 에이전트가 목표를 찾지 못 한 경우 다시 출발하기 전에 최대 100단계까지 이동한다는 점을 의미한다. 크고 복잡한 미로를 제작하려면 이 값을 늘려야 할 수도 있다. 에이전트는 무엇인가 가치 있는 것을 조금이라도 얻기 전에 잠시동안 헤맬 수도 있다는 점을 기억하라.

강화학습 과정 중 많은 부분에서 MDP[24] 기초를 다루고, 또한 관측된 상태를 기반으로 한 보상 최대화의 개념을 다루는데 더 많은 시간을 할애한다. 그러나 방금 언급한 구체적인 구현 세부 사항을 명시적으로 자세히 다루지 못하는 경우가 있다. 따라서 독자는 여러 정규 대학에서 제공한 강화학습 및 MDP에 대한 무료 온라인 강의 시리즈 중 하나를 시청하는 것이 좋다. 또한 이러한 알고리즘의 실제 사용법을 배웠으므로 이제 이 과정에 필요한 복잡한 수학을 배울 수 있다.

강화학습의 기본 사항을 이해하고 나면 이후 장에서 좀 더 복잡한 작업을 파헤칠 수 있을 만큼 충분히 편안하게 파악해야 한다. 당장은 다음 단원에서 직접 연습해 보라.


## 연습문제

*우리가 무엇인가를 할 수 있으려면 배워야 하는데, 우리는 그 무엇인가를 함으로써 비로소 배우게 된다.*

*아리스토텔레스*


다음 질문에 스스로 답해 보거나 연습문제를 스스로 풀어 보라.

1. 자신만의 설계에 맞춰 직전 단원에서 다룬 밴딧 큐브 미로를 확장하라. 에이전트가 끝까지 명확한 경로를 유지할 수 있게 모든 큐브가 연결되도록 하라.

2. 게임과 시뮬레이션 또는 강화학습과 Q 학습 알고리즘을 사용해 에이전트가 이 문제를 해결하는 방법을 배울 수 있는 다른 문제를 생각해 보라. 이것은 단지 사고 실험에 불과하지만, 여러분이 데모까지 만든다면 우쭐대도 괜찮다.

---

**24** (옮긴이) 마르코프 결정 과정(Markov decision process).

3. **Exploration Epsilon** 최솟값과 결정 단계별 변화량에 대한 새 속성들을 추가한다. 이 속성들은 엡실론 탐욕 탐색 값을 줄이기 위해 하드 코딩한 파라미터임을 기억하라.

4. 개별 BanditCube 오브젝트에 Q 값을 표시하는 함수를 추가하라. 여러분이 값을 속성으로 여길 수 있으면 이것 역시 작동한다. 각 연결에 대해 Q 값을 표시하라.

5. 다른 유니티 머신러닝 예제 중 하나를 탐색하고 Q 학습 알고리즘을 사용하는 휴리스틱 브레인을 개발하라.

## 요약

이번 장에서는 강화학습이라는 머신러닝 기법을 사용해 다양한 기본 학습 문제를 해결하는 휴리스틱 브레인을 개발해 ML-Agents 프레임워크와 협력하게 하였다. 먼저 강화학습의 개념을 소개하기 위해 고전적인 멀티암드 밴딧에 대한 문제를 탐구했다. 그런 다음에 상황, 즉 상태에 대한 감각을 추가하여 이 문제를 확장했다. 이렇게 하기 위해 우리는 상태를 추가하고 함수를 Q 함수로 변환함으로써 Value 함수를 수정해야 했다. 이 알고리즘은 간단한 학습 문제를 해결하는 데는 효과적이었지만 더 복잡한 지연 보상 문제에는 충분하지 않았다. 지연 보상을 도입하려면 여러분이 벨만 방정식을 보고 에이전트의 단계를 통해 보상을 할인하는 방법을 이해해야 하므로, 에이전트에게 Q 값 이동 경로를 제공해 길을 찾을 수 있게 하였다. 마지막으로, 우리는 Q 학습을 사용해 복잡한 미로를 탐색해야 하는 복잡한 연결 밴딧 문제를 해결했다.

다음 장에서는 파이썬과 머신러닝 도구를 제공할 라이브러리를 소개함으로써 머신러닝 학습에 또 다른 도약을 할 것이다. 우리는 다음 장에서 이 파이썬 능력향상 도구를 탐구하기 시작할 것이다.

# 03

# 파이썬을 이용한 심층강화학습

우리는 1장과 2장에 걸쳐서 유니티를 사용한 머신러닝의 기초(물론, 특별히 강화학습 포함)를 배웠는데, 썩 괜찮았다. 불행히도 강화학습 문제의 상태 수는 금방 수십억 개를 초과할 수 있다.[1] 바둑 게임의 상태 수는 관측 가능한 우주의 원자 수를 초과하는 것으로 계산되었다. 이제는 이처럼 극심한 상태를 다루는 일이나 이러한 유형의 문제를 수학적으로 풀기는 쉽지 않다. 사실 구글과 그 밖의 회사들이 텐서플로(TensorFlow)라고 하는 강력한 머신러닝 도구를 공개하는 노력을 한 덕분에 최근에 이르러서야 이러한 수치들과 씨름해 볼 수 있게 되었다. 텐서플로는 그것이 제공하는 힘 때문에 머신러닝 연구의 초석이 된 수학 실행 라이브러리이다. 그런데 텐서플로를 사용해 일할 때 선호되는 도구 세트는 파이썬이다. 거대한 바퀴를 다시 발명하고 싶지 않았던 유니티 제작업체는 파이썬과 텐서플로를 중심으로 ML-Agents를 만들기로 결정했다. 따라서 이번 장에서는 파이썬을 설정하고 이러한 도구를 사용해 고급 ML-Agents를 개발하는 방법을 배우게 된다.

---

1 (옮긴이) 이 상태 수가 많을수록 강화학습이 어려워진다. 강화학습으로 단순한 게임을 잘 하는 모델을 구성하기는 쉬워도, 복잡한 게임을 잘 하게 하기는 어렵다. 그래서 강화학습 아키텍처도 꾸준히 개량되고 있는 중이다. 그러므로 강화학습 아키텍처를 구성하기 전에 문제를 잘 정의해 (상태와 행동과 보상과 목표 등의 체계를 단순하게 함으로써) 상태 수를 줄일 수만 있다면 최대한 줄이는 게 바람직하다.

이번 장에서는 파이썬과 기타 여러 가지 머신러닝 도구 및 라이브러리를 다루는 데 집중할 것이다. 이번 장에서 다루게 될 주요 주제는 다음과 같다.

- 파이썬과 관련 도구 설치
- ML-Agent 외부 브레인
- 신경망 기초
- 심층 Q 학습
- 근위 정책 최적화

파이썬은 머신러닝에서 작업할 때 선호되는 표준 언어/환경이 되었다. 솔직히 파이썬에서 사용할 수 있는 자유롭고 강력한 머신러닝 도구의 수가 많아지면서 다른 언어나 플랫폼을 사용하는게 실제로는 의미가 없다.

## 파이썬과 관련 도구 설치

이번 단원에서는 파이썬에 관한 기본 사항 중 일부를 다룰 예정이기는 하지만, 언어까지 깊이 다루기에는 시간이 부족하다. 여러분이 파이썬에 초보일지라도 C# 프로그래밍 경험이 풍부하다면 계속 진도를 나아가면 된다. 파이썬을 다뤄 본 경험이 있다면 ML-Agents가 파이썬 3.5에서만 지원된다는 특별한 설정 사항에 주의를 기울여야 한다.

파이썬은 프로그래밍에 익숙하지 않은 사용자가 배우기에 아주 좋은 언어이다. 그러나 숙련된 C# 개발자라면, 말하자면 같은 계열이 아닌 새로운 언어/프레임워크를 배우는 일이 되므로 어려울 수 있다. 어쨌든 파이썬은 프로그래밍 언어 그 이상이다: 파이썬은 함수형 언어이면서 관점 지향적이면서 메타 프로그래밍을 지원한다는 다중 프로그래밍 패러다임에 맞춘 언어이다. 새로운 언어를 배우는 일에 확신이 들지 않는다면, 마음을 크게 열고 파이썬을 시험해 보라. 즐거워서 소리지르는 일 이상을 경험하게 될지도 모른다.

# 설치

다음 두 가지 방법과 같이 운영 체제에 맞는 관련 설정을 진행하라.

## 맥/리눅스 설치

다음 설치 안내 사항은 *1장, '머신러닝 및 ML-Agents 소개'*에서 복제한 유니티 ML-Agents 소스와 함께 제공되는 안내 사항을 조감하는 것이다. 필요한 것을 완비할 수 있게 하려고 이 안내 사항을 포함하기는 했지만, 리눅스를 사용하는 경우 이미 파이썬이 설치되어 있을 수 있다. 파이썬과 관련 도구들을 설치하려면 다음 단계를 수행하라.

1. https://www.python.org/downloads/에서 파이썬3을 내려받아 설치하라.

2. pip가 설치되어 있는지 확인하라. 잘 모르겠다면 https://packaging. python.org/guides/installing-using-linux-tools/#installing-pip-setuptools-wheel-with-linux-package-managers를 참고하라.

3. 이전에 복제해 두었었던 ML-Agents 폴더로 이동한다.

4. python 폴더로 이동해 다음 명령을 입력하라:

   ```
   pip3 install .
   ```

필요한 의존 파일들이 설치되어 있어야 한다.

문제가 있을 경우 유니티 문서에 있는 특별한 지시 사항을 확인해 보라. 전반적으로, 파이썬과 macOS/리눅스에 필요한 의존 파일을 설치하기가 윈도우에 설치하기보다 어리둥절할 정도로 간단하다.

## 윈도우 설치

유니티 ML-Agents의 현재 버전은 윈도우 10에서만 작동하는 것으로 확인되었다. 이전 운영 체제를 사용해도 되지만 문제가 발생할 것으로 예상된다. 설치를 한다면 다음 안내서를 사용해 ML-Agents 용 파이썬 환경을 설치하라.

1. https://www.anaconda.com/download/에서 Anaconda 3.6 (64비트용)[2]을 설치하라.

2. 설치 프로그램의 지시 사항을 따르라. Advanced Options를 사용하고 다음과 같이 PATH를 설정하라.[3]

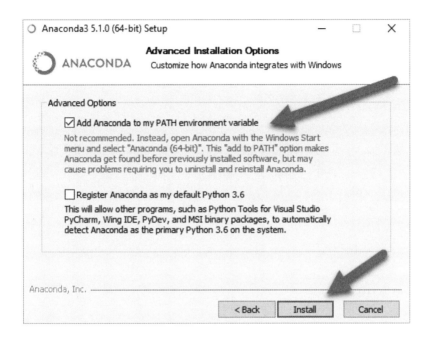

3. 권장 사항은 아니지만 이 옵션으로 설정하면 이 책의 이후 단원에서 유용하게 사용할 수 있다. 아나콘다(Anaconda)는 설치가 완료된 후 비주얼 스튜디오 코드(Visual Studio Code)를 설치하라는 메시지를 표시한다. 비주얼 스튜디오 코드가 없는 경우 이 옵션을 선택해 다운로드하고 설치하라. 우리는 이 책의 다음 장에서 비주얼 스튜디오 코드를 사용할 것이므로, 이것을 지금 설치하면 나중에 할 수고를 덜 수 있다.

---

2  (옮긴이) 파이썬 3.6 버전을 말하고 있다. 이 책을 번역하는 시점에서는 파이썬 3.7 버전이 최신 버전이었으며, 이 버전에서도 잘 작동된다는 점을 확인했다.

3  (옮긴이) 주의!!! 이 화면의 첫 번째 확인란에 체크 표시를 하지 않고 설치하면 나중에 주피터 노트북에서 프로그램을 실행할 때 파일을 찾을 수 없다(file not found)는 오류가 나와 이 책대로 더 이상 따라서 해 보지 못 하게 될 수 있다. 그러므로 꼭 이 화면과 같이 확인란을 표시해야 한다.

4. 아나콘다 내비게이터(Anaconda Navigator)를 시작해 아나콘다가 설치된 것을 확인해 보라. 이렇게 하려면 윈도우 키를 누른 다음 아나콘다 내비게이터 메뉴를 찾아 들어가서 이 응용 프로그램을 재빨리 실행해 보라. 우리가 잠시 후 다시 돌아올 예정이므로 응용 프로그램을 열어 둔다.

5. 윈도우 검색 창에서 Anaconda Prompt라고 입력해 새로운 아나콘다 프롬프트를 연다.[4]

6. 프롬프트 창에서 다음 명령을 입력하라.

```
conda create -n ml-agents python=3.5
```

7. 이 명령은 [-n] ml-agents라는 옵션을 사용해 새로운 3.5 파이썬 환경을 생성한다. 의존 파일을 다운로드하라는 메시지를 따르라.[5] 물론 인터넷에 연결되어 있어야 한다. ML-Agents는 현재 파이썬 3.5에 의존한다. 따라서 우리는 파이썬 3.5를 사용한다는 점을 명시해야 한다.[6]

8. 프롬프트에서 다음과 같이 입력해 환경을 활성화하라.

```
conda activate ml-agents
```

9. 프롬프트에서 다음과 같이 입력해 텐서플로를 설치하라.

```
pip install tensorflow==1.4.0
```

10. 이렇게 하면 여러 가지 필수 패키지가 설치되기는 하지만, 아직은 더 많은 패키지가 필요하다.

11. 같은 아나콘다 프롬프트에서 다음과 같이 입력해 ml-agents 소스 폴더의 python 폴더로 이동하라. 여러분이 1장에서 깃허브가 제시하는 ML-Agents 소스를 다운로드하는 지침을 따른 경우, 이것을 C:/ML-Agents/ml-agents/에 내려받았다는 점을 상기하라:

```
cd c:/ML-Agents/ml-agents/python
```

---

4   (옮긴이) 아니면 윈도우 메뉴를 열어 Anaconda를 찾은 다음 그 하위 메뉴에서 아나콘다 프롬프트를 선택해도 된다.

5   (옮긴이) 화면에 작업이 진행되다가 Proceed ([y]/n)?이라는 문구가 보이면 y를 입력하고 엔터 키를 누르라는 말이다.

6   (옮긴이) 최신 버전이 3.7이라고 해서 3.7로 명시한다거나 하는 식으로 버전 번호를 바꾸면 텐서플로가 제대로 설치되지 않는다.

12. 같은 프롬프트에서 다음 명령을 실행해 ML-Agents에 필요한 파이썬 의존 파일을 설
   치하라:[7]

```
pip install .
```

13. 위의 명령을 실행하기 전에 폴더를 다시 확인하라. 라이브러리가 설치되면 환경이 완성
   되고 계속 진행할 수 있다.

문제가 생기면 항상 전체 설치를 다시 실행하고 다른 폴더를 선택해 설치할 수 있다. 실행 및
테스트할 수 있는 몇 가지 환경을 설정하는 것이 유용할 수 있다.

## 도커 설치

도커(Docker)에 익숙하다면, 도커 또한 좋은 선택지이기는 하다. 하지만 도커 사용에 대한 자
세한 내용을 여기에서 다루지는 않으므로 필요 운영 체제에 대한 설명서를 참조하라.

## GPU 설치

텐서플로는 ML-Agents로 구축한 것처럼 고도의 계산 응용 프로그램을 개발하는 데 필요한
GPU 사용을 지원한다. 복잡한 수치 문제에는 GPU를 꼭 사용해야 하지만, ML-Agents는 현
재 텐서플로를 실행하기 위해 지원되는 GPU가 필요하지 않다. 이것은 현재 우리가 GPU 드라
이버에 대한 지원 설치를 우회할 수 있음을 의미한다. GPU에서 텐서플로를 사용하려면 유니
티의 내부 도크(dock)와 하드웨어 및 운영 체제에 적합한 설치 지침을 확인하라.

## 설치 테스트

파이썬과 운영체제에 필요한 의존 파일을 설치한 후에 모든 것이 올바르게 설치되었는지 확인
하라. 다행히도, 테스트를 실행하는 명령은 현재 지원되는 모든 운영체제에 대해 본질적으로
동일하다. 다음에 나오는 간단한 단계를 거치며 설치를 테스트하라:

---

7  (옮긴이) 이 명령은 아주 중요하다. 이에 따라서 관련 의존 파일들이 설치되는데, 수 분이 걸릴 수 있다. 최종적으로는 'Sucessfully installed tensorflow-1.4.0
   unityagents-0.3.0'이라는 문구가 아나콘다 프롬프트의 설치 과정 문구 중 제일 마지막 문구로 나타난다. 이 문구에서 알 수 있듯이 이 도서에는 텐서플로 1.4.0
   을 사용하고, ML-Agents 0.3.0을 사용한다. 둘 다 최신 버전이 아니다.

1. 이전과 마찬가지로 명령 셸 또는 아나콘다 프롬프트 창을 연다.

2. c:/ML-Agents/ml-agents/python 폴더로 이동하라. 이전 예제에서 계속 진행하고 있다면, 여러분은 이미 이 폴더에 들어와 있을 것이다.

3. 셸 또는 아나콘다 프롬프트 창에서 다음 명령을 입력하라.

   `jupyter notebook`

4. 그러면 다음 화면과 같이 주피터 노트북(Jupyter Notebook) 창이 있는 기본 브라우저가 열린다.[8]

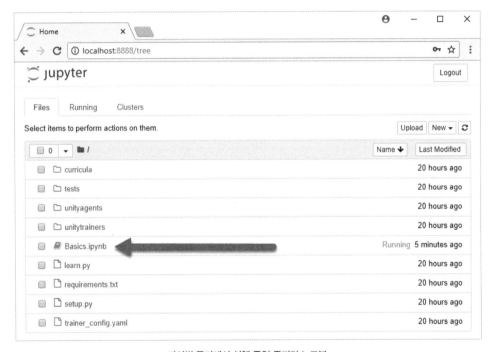

파이썬 폴더에서 실행 중인 주피터 노트북

---

8 (옮긴이) 여러분의 컴퓨터에 보안 프로그램이 설치되어 있다면, 이 명령이 실행되는 것을 차단할 수 있다. 그럴 때 '실행 후 묻지 않음'과 같은 적절한 방식을 선택하고 확인해 주면 될 것이다.

5. 앞의 화면과 같이 Basics.ipynb 파일을 클릭하라. 브라우저에서 페이지가 열리지 않으면 브라우저를 열고 http://localhost:8888을 입력해 페이지에 액세스할 수 있다. 페이지에 다른 것이 표시되면 주소를 올바르게 입력했는지, 다른 서비스가 포트 8888을 사용하고 있지 않은지 확인하라.

6. Basics 노트북이 로드된다. Basics는 유니티 테스트 환경의 적절한 설정을 테스트하는 데 사용할 수 있는 입문용 테스트 노트북이다.

이것이 우리가 지금 다루어야 할 모든 것이다. 다음 단원에서는 첫 번째 ML-Agents 외부 브레인을 설정하는 일에 뛰어들 것이다.

# ML-Agent 외부 브레인

지금까지 우리가 수행한 모든 실험에서는 Q 학습이라는 내부 강화학습 알고리즘을 이용하며 휴리스틱 방식 브레인을 사용했다. 이제 우리는 C# 스크립트로는 이런 일까지만 할 수 있다는 점을 알게 되었으므로 파이썬으로 개발된 ML-Agent 외부 브레인을 사용할 차례이다. 유니티에서는 주피터라는 파이썬 노트북을 외부에서 실행해 유니티 훈련 환경을 제어하는 방식을 선호한다. 이를 위해서는 특별한 유니티 환경을 구축해야 한다. 외부 훈련을 위해 3D 볼 환경을 구성하는 방법을 배우려면 다음 단계를 수행하라:

1. 유니티 에디터를 열고 ML-Agents 데모인 unityenvironment 프로젝트를 로드하라.[9] 2장에서 사용할 때 열어둔 채로 있었다면 여전히 작동할 것이다.

2. 유니티 에디터 내 프로젝트 창의 ML-Agents/Examples/3DBall 폴더에서 **3DBall**이라는 이름으로 된 씬을 연다.

3. 하이어라키 창에서 **Ball3DBrain** 오브젝트를 찾아 선택한다. 인스펙터 창에서 **Brain Type**<sup>브레인 유형</sup>을 **External**<sup>외부</sup>로 설정하라.

---

**9** (옮긴이) 유니티 에디터에서 File | Open Project를 선택한 후에 폴더 경로를 c:/ML-Agents/unityenvironment로 지정하면 된다.

**4.** 유니티 메뉴에서 Edit | Project Settings | Player를 선택하라. 인스펙터 창에서 다음 화면과 같이 속성을 설정한다:[10]

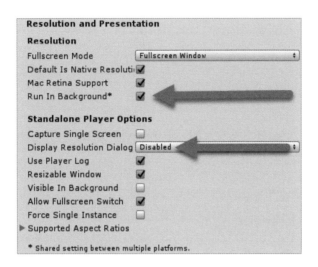

**5.** Player에 대한 해상도(Resolution) 속성도 설정하라.[11]

**6.** 메뉴에서 File | Build Settings를 선택하라. Add Open Scene 버튼을 클릭하고 다음 대화 상자와 같이 3DBall 씬만 활성화되어 있는지 확인하라:

---

**10** (옮긴이) 먼저 'Resolution and Presentation' 버튼을 클릭해 펼쳐야 한다. 그리고 인스펙터 창에 그림과 같은 설정 내역으로 이미 설정되어 있을 것이다.

**11** (옮긴이) 앞의 4번 항목에 나온 화면과 같다. 4번에서 이미 설정했으므로 다시 설정할 이유는 없다. 저자는 아마도 'Fullscreen Mode'라는 속성을 'Fullscreen window'나 그 밖의 선호하는 것으로 설정하라는 말을 하고 싶었을 것이다. 적절한 것을 고르면 된다.

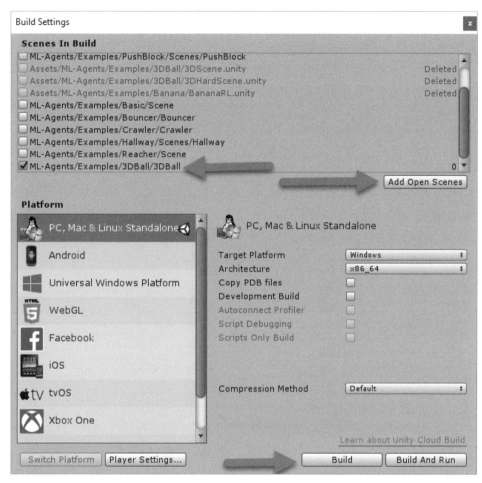

유니티 환경에 대한 빌드 설정들을 설정하기

**7.** 선택한 데스크톱 운영체제(이 예에서는 Windows)로 **Target Platform**대상 플랫폼을 설정하고 대화 상자 맨 아래의 **Build** 버튼을 클릭하라.

**8.** 빌드할 폴더를 선택하라는 메시지가 나타난다. ml-agents 폴더 밑에 있는 python 폴더를 선택하라.

**9.** 파일 이름을 입력하라는 메시지가 나타나면 3DBall을 입력하라. 단, 2018년 이후에 나온 새로운 버전의 유니티에서는 파일의 이름이 유니티 환경 빌드 폴더의 이름[12]으로 설정되

---

**12** (옮긴이) 이 책의 경우에는 유니티 환경 폴더의 이름이 unityenvironment였으므로, python 폴더 밑에 Unity Environment.exe라는 파일이 생긴다.

는데, 이 파일은 python 폴더에 있을 것이다. 유니티가 빌드를 만들어 두는 위치를 이해하고 이 빌드 파일이 python 폴더에 있는지 확인하라. 필자가 저술하는 시점에서 윈도우에서 유니티는 3DBall.exe가 아닌 python.exe라는 이름을 실행 파일에 붙일 것이다.[13] 우리가 파이썬 노트북을 설정할 때 이 점을 기억해 두어야 한다.

환경이 구축되면 앱에 대해 Basics 노트북을 실행할 수 있다. 다음 단원에서는 주피터 노트북을 실행해 환경을 제어하는 방법을 살펴보겠다.

## 환경 실행

Basics라는 주피터 노트북을 다시 연다.[14] 우리는 파이썬 설치를 테스트한 후에 이 주피터 노트북을 닫지 않은 채 그대로 두었다는 점을 기억하라. 파이썬과 주피터에 대한 경험이 있다면 스스로 직접 노트북을 읽어 나갈 수 있다. 조금 더 도움이 필요하다면 다음 단계를 따르라:

1. 첫 번째 코드 블록을 다음과 같이 환경 이름으로 업데이트해야 한다.

   ```
   env_name = "python" # 시작할 유니티 환경 바이너리 이름
   train_mode = True # 훈련 또는 추론 모드에서 환경을 실행할지 여부
   ```

2. 우리는 환경 이름을 'python'으로 설정했다. 이 이름이 파이썬 폴더에 내장된 실행 파일의 이름이기 때문이다. 파일 확장자도 포함할 수는 있지만, 반드시 그렇게 할 필요는 없다. 파일 이름이 확실하지 않으면 폴더를 확인하라. 이렇게 하면 좌절할 일이 확실히 없어질 것이다.

3. 첫 번째 코드 블록 내부로 이동한 다음[15] 도구 모음에서 **Run** 버튼을 클릭하라. **Run**을 클릭하면 현재 커서가 있는 코드 블록이 실행된다. 이것은 노트북의 아주 강력한 특징이다. 코드 블록 간에 앞뒤로 이동하면서 필요한 코드 블록만을 실행할 수 있기 때문에 복잡한 알고리즘을 구현할 때 매우 유용하다.

---

**13** (옮긴이) 옮긴이의 경우에는 앞 각주에서도 말했지만 python 폴더 밑에 Unity Environment(확장자는 exe)라는 이름으로 빌드 파일이 생성되었다. 또한 빌드가 끝나면 유니티가 알아서 python 폴더를 보여 주기 때문에 해당 빌드 파일을 바로 찾아볼 수 있다. 해당 빌드 파일을 클릭하면 3DBall 게임이 시작된다. 그렇지만 이 책 본문 내용을 따라 가려면 이 빌드 파일의 이름을 python으로 바꿔야 한다. 지금 바꾸기 바란다.

**14** (옮긴이) 지금까지 그대로 따라왔다면 해당 노트북 탭이 열려 있는 여러분의 기본 브라우저가 여전히 화면에 있을 것이다. 해당 브라우저를 선택해서 Basics 탭을 보면 된다.

**15** (옮긴이) 즉, 조금 전에 환경 이름을 python으로 고친 바로 그 코드 블록을 클릭하면 된다.

4. 두 번째 코드 블록 안쪽을 클릭하고 **Run**을 클릭하라. 두 번째 코드 블록은 코드가 의존하는 파일들을 로드한다. 두 번째 코드 블록에서 다음 줄이 있는지 확인해 보라:[16]

```
from unityagents import UnityEnvironment
```

5. 이 줄은 unityagents라는 UnityEnvironment 클래스를 가져오는 곳이다. 이 클래스는 환경을 실행하기 위한 컨트롤러이다.

6. 세 번째 코드 블록을 실행하라. 유니티 창이 어떻게 시작되어 환경을 보여주는지에 주목하라. 또한 성공적인 시작과 브레인 통계를 보여주는 출력을 확인해야 한다. 이 시점에서 오류가 발생하면 돌아가서 올바른 파일 이름으로 env_name 변수를 설정했는지 확인하라.

7. 네 번째 코드 블록을 실행하라. 불행히도 이 제어 방법을 사용하면 대화형 작업이 표시되지 않는다. 이 문제는 이후 장에서 해결하도록 노력할 것이다.

8. 다섯 번째 코드 블록을 실행하라. 이것은 임의의 출력을 생성하기 위해 임의의 행동을 통해 실행된다.

9. 마지막으로 여섯 번째 코드 블록을 실행하라. 이렇게 하면 유니티 환경이 닫힌다.

Basics 노트북을 검토하고 코드를 사용해 보라. 코드를 수정하거나 사소한 변경을 수행하고 코드 블록을 재실행하는 함수를 활용하라. 코드가 복잡해 보여도 너무 걱정하지는 마라. 좋은 예제가 많이 있으며 해 볼 만한 장들이 많다.

이 시점에서 여전히 머리를 긁으며 "왜 파이썬인가?"라고 질문할 수 있을 것이다. 실제로 우리는 C#에서 아주 똑같은 예제를 똑같이 쉽게 작성할 수 있었다. 파이썬은 복잡한 머신러닝 문제를 해결하기 위해 명시적으로 개발된 고급 알고리즘 세트를 우리에게 제공한다. 우리가 사용하

---

16 (옮긴이) 주의!!! 이 두 번째 코드 블록을 실행하는 과정에서 file not found error(파일을 찾을 수 없음)나 type error(형식이 일치하지 않음)과 같은 경고문이 코드 블록 밑에 생길 것이다. 몇 시간 또는 몇 일 정도 오류를 잡는 데 시간을 허비하지 않으려면 다음 내용들을 잘 따르라. 이는 기본적으로 우리가 생성한 ml-agents라는 아나콘다 환경에 설치된 matplotlib 버전이 3.0.0일 수 있기 때문이다(아마도 의존성 관리 문제나 아나콘다 설치 버전 문제 때문일 것이다). 이 버전을 2.2.3 버전으로 되돌리면 이런 오류가 발생하지 않는다. 버전을 되돌릴 때는 1) 먼저 주피터 노트북 창(즉, 브라우저 창)을 닫은 후에 2) 아나콘다 프롬프트 창에서 'pip install matplotlib==2.2.3'이라고 입력하고 엔터키를 쳐서 오래된 버전으로 설치하고 3) 다시 'jupyter notebook'이라고 아나콘다 프롬프트 창에서 명령어를 입력해 실행하면 4) 다시 기본 웹 브라우저에 주피터 노트북이 뜬다. 5) 이런 후에 주피터 토느북 실행 후 지시사항을 이 책에 나온 대로 다시 따라서 하면 된다.

는 그러한 알고리즘이나 도구 중 하나를 신경망(neural network)[17] 이라고 하며 다음 단원에서 어떻게 사용하는지 살펴보겠다.

## 신경망 기초

신경망은 우리가 최근에 보아온 것들 중 가장 인상적인 인공지능/머신러닝 알고리즘의 기초를 제공한다. 또한 이미지 인식 및 음성 인식에서부터 아타리(Atari) 게임에 이르기까지 인공지능의 여러 영역에 있어 주춧돌, 즉 표준이 되었다. 이런 말이 실제로도 위협적인 말처럼 들리겠지만 사실 신경망은 인간의 두뇌를 모델로 삼은 것으로 구조가 아주 간단하고 우아하다. 우리 두뇌와 신경계의 기초는, 다음 그림 중에 시뮬레이트된 컴퓨터 신경세포 위쪽에 보이는 그림처럼 단일한 신경세포(neuron)이다:

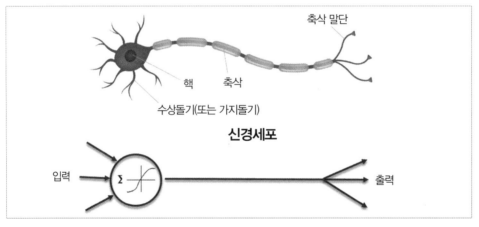

신경세포

---

**17** (옮긴이) '신경 네트워크' 또는 '신경 회로망'이라고도 부르는데, 최근에는 '신경망'이라는 말로 거의 일치되어 부른다는 점을 반영해 이 책에서는 신경망으로 번역했다. 참고로 network가 단독으로 쓰일 때는 '망'이라고 부를 수 있지만(그리고 대다수 인공지능 관련 도서에서는 그냥 '네트워크'라고 표현하고 있다), 다음절이어서 다른 용어와 혼동될 수 있으므로 이 책에서는 '신경망'으로 번역했다. 인공 신경망이 두뇌 신경 조직과 신경 세포를 모방한 측면도 있지만, 최근에는 신경망을 순수하게 위상수학의 관점에서 보는 시각도 있다. 이 경우에 신경망은 여러 정점(node, 단일 세포에 해당)이 서로 연결된 망(network)이라고 볼 수 있으므로(이런 시각을 '연결주의'라고 한다), 망이라는 용어도 그다지 부적합한 용어가 아닐 뿐만 아니라 전문용어 사전에도 등재되어 있다.

앞에 나온 그림에서 아래쪽에 보이는 모방 뉴런은 단일 신경세포의 구조를 표현한 것이다.[18] 뉴런으로의 입력 또는 신호는 전형적으로 합쳐지고 어떤 형태의 활성 함수(activation function)에 대해 평가된다. 이 그림에서 활성 함수 사례를 볼 수 있다.[19] 신경세포가 활성화되거나 촉발되면 더 많은 신경세포로 신호가 공급되거나 최종 출력으로 공급될 수 있는 출력을 보낸다. 다음 이미지는 다층 신경망(multiple-layer neural network)을 보여준다.

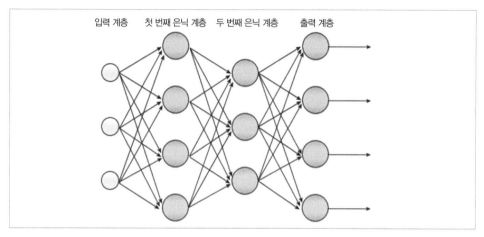

다층 신경망

위 그림은 입력 계층(input layer)과 출력 계층(output layer) 및 두 개의 은닉 뉴런 계층이 있는 일반적이고 단순한 신경망을 나타낸다. 입력과 출력으로 가려진(즉, 은닉된) 뉴런 계층은 일반적으로 사람들이 이러한 계층들과 상호 작용할 일이 없기 때문에 은닉 계층(hidden layers)이라고 부른다. 최종 계층인 출력 계층은 신경망이 응답을 내뿜는 곳이다. 처음에 그 응답은 보잘 것이 없다. 신경망이 훈련받지 못했고 올바른 대답이 무엇인지에 대한 감각이 없기 때문이다. 신경망을 아주 유용하게 만들려면 정답과 오답이 무엇인지를 훈련해야 한다. 이 일을 수행하는 방법은 다양하지만, 더욱 일반적인 방법은 출력에서 신경망을 통해 오류를 거꾸로(즉, 역으로) 전파하는 것이다.

---

**18** (옮긴이) 이 책에서는 생물 내 신경세포는 그냥 신경세포로, 이 신경세포를 모방한 인공 신경세포는 뉴런으로 구분해 표기했다. 사실 인공 신경세포를 퍼셉트론이라고 부르기도 했지만, 최근의 인공 신경세포는 초기 퍼셉트론 수준에서 벗어난 면도 있기 때문에 따로 '뉴런'이라고 번역했다.

**19** (옮긴이) 동그라미 속에 보이는 시그마 기호 다음에 보이는 그래프 모양이 활성 함수를 상징한다. 활성 함수를 '활성화 함수'라고도 부른다.

역전파(backwards propagation)는 신경망 및 딥러닝의 기본 개념이다. 이것은 총 오차량에 대한 기여도를 기반으로 각 신경세포의 활성 함수가 가중치(weights)를 부여하는 방법이다.[20] 최량적합(best fit)[21]을 판단하기 위해 일반적으로 이 작업을 매우 느리고 반복적으로 수행한다. 즉, 일반적인 신경망을 효과적으로 개발하려면 수천 개의 표본(sample)에 노출하거나 수천 번을 반복해서 훈련해야 한다.

역전파, 경사 하강(gradient descent) 및 활성 함수를 자세히 설명할 시간이 없다. 시간이 있을 때, 아마도 각 장을 넘어가기 전에 한 시간 정도를 투자해서 이러한 기본 사항을 배우는 것이 좋다. 여러분의 모든 지식 수준에 맞춰 신경망의 세부 사항을 탐구할 수 있는 온라인 자료가 많다.

## 어쨌든 신경망이 하는 일은 무엇인가?

핵심 측면에서 보면 신경망은 단지 좋은 비선형 함수 근사 장치[22]에 불과한 것인데, 이는 신경망이 방정식을 푸는 데 능숙하다는 것을 의미하는 말이기도 하다. *1장, '머신러닝 및 ML-Agents 소개'*의 첫 번째 예를 생각해 보면 선형 회귀라는 간단한 선형 머신러닝 알고리즘을 사용해 대포 속도를 예측했다. 우리가 선형 방식을 사용해 합리적으로 잘 추정할 수 있었지만 실제로 필요한 것은 비선형 해법이었다. 우리가 사용할 수 있는 다양한 비선형 방식이 있지만[23], 신경망은 수학을 전혀 쓰지 않고도 더 일반화되고 더 잘 맞는 해법을 개발할 수 있는 능력을 제공한다.[24]

우리에게 이것은 신경망 또는 심층 신경망(deep networks)[25]이 Q 학습 방정식 및 그 밖의 것보다 복잡한 문제를 해결하는 도구로 사용될 것임을 의미한다. 우리는 다음 단원에서 신경망을 사용해 어떻게 Q 학습 문제를 풀 수 있는지를 살펴볼 것이다.

---

20 (옮긴이) 원문에 어렵게 설명되어 있는데, 간단히 말해서 오차가 크면 해당 오차를 줄이는 방향으로 가중치를 신경망의 전파 경로를 역으로 거슬러 올라가며 조절하는 일이다.

21 (옮긴이) 최적인 상태를 나타내는 통계 용어.

22 (옮긴이) 즉, 실제 함수에 가장 가까운 함수를 찾아내는 장치. 다시 말해서 어림으로 최적해에 가까운 해를 찾아내는 모델을 형성해 가는 장치.

23 (옮긴이) 보통 머신러닝이라는 범주에 속하는 방식으로, 이러한 방식들은 사람이 먼저 수학적인 해법을 찾아 알고리즘으로 변형한 방식들이다. 이런 해법을 주창하는 의견을 '기호주의'라고 한다.

24 (옮긴이) 이와 같은 해법을 주창하는 의견을 '연결주의'라고 한다. 신경세포가 연결되어 있듯이 인공 뉴런을 다수 연결하면 굳이 수학식을 동원하지 않아도 찾고자 하는 방정식에 근사한 방정식을 찾을 수 있다. 딥러닝은 연결주의에 따라 신경세포를 여러 층으로 두껍게, 즉 깊게 연결해 사용하는 방식이다.

25 (옮긴이) 정확하게 번역하자면 '심층 망'이다. 하지만 이 책에서 망(network)을 신경망의 준말로 사용하므로 망을 언제나 신경망으로 번역했다.

# 심층 Q 학습

이제 신경망의 기초를 이해했으므로 파이썬에서 사용법을 보여주는 아주 기본적인 예제를 살펴보는 것이 도움이 될 것이다. 심층 Q 학습(deep Q-learning)[26]으로 에이전트를 훈련시키는 신경망을 구축하려면 다음 단계를 수행하라. 윈도우 사용자인 경우 이전에 했던 것처럼 아나콘다 프롬프트를 열고 activate ml-agents라는 명령어를 사용해 ml-agents 환경으로 전환하라.

1. 그런 다음에 명령 프롬프트 또는 셸 창을 빈 폴더로 열고 다음을 입력하라:

```
git clone https://github.com/matthiasplappert/keras-rl.git
cd keras-rl
python setup.py install
```

2. 이렇게 하면 케라스(Keras)에 대한 강화학습 패키지인 Keras RL이 설치된다. 케라스는 신경망 및 기타 머신러닝 작업을 작성하는 데 사용되는 인기 있는 라이브러리이다. 텐서플로(Tensor-Flow) 또는 테아노(Theano)를 기반 라이브러리로 사용할 수 있다.[27] 우리가 이미 텐서플로를 설치한 적이 있으므로 별 문제는 없을 것이다.

3. 테아노 설치가 끝난 후에 나온 아나콘다 프롬프트에서 다음 두 명령을 차례로 입력해 각기 실행되게 하라:

```
pip install h5py
pip install gym
```

4. h5py 코드 구문은 HDF5 형식[28]에 대한 파이썬 방식 인터페이스이며 큰 숫자 데이터셋으로 작업할 수 있게 한다. 두 번째 줄은 파이썬 머신러닝 테스트 환경인 gym을 설치하기 위한 줄이다.

---

26  (옮긴이) '깊은 Q 학습' 또는 '딥 큐 학습'이라고도 부른다.

27  (옮긴이) 텐서플로와 테아노(우리나라에서는 음차하는 과정에서 씨아노라고 더 알려져 있는 편이기는 한데, 외래어 표기법에 맞추면 씨애노이고, 외국의 사용 지역에 따라서는 띠아노라고도 부름)를 기반 라이브러리로 삼은 래퍼(wrapper) 라이브러리이다. 그러므로 케라스 자체로는 무언가를 할 수 없고, 반드시 텐서 플로나 테아노가 설치된 상태에서 케라스와 연동시켜야 하는데, 이 책에서 설명한 대로 설치하면 자동으로 연동된다.

28  (옮긴이) 신경망 모델 그 자체를 외장 기억장치에 저장하는 데 자주 쓰는 파일 형식이다.

5. 비주얼 스튜디오 코드를 내려받아 설치하라.[29] 우리는 파이썬용 에디터로 비주얼 스튜디오 코드를 더 선호하지만, 숙련된 파이썬 개발자라면 다른 IDE나 환경 설정 에디터를 자유롭게 연동해 사용하면 된다.

지금까지 잘 따라왔다면 간단한 예제에 필요한 모든 필수 의존 파일이 설치된다. 다음으로 우리는 파이썬 코드를 작성해 예제를 빌드할 것이다.

케라스로 Q 학습을 시연하는 예제를 인터넷에서 수백 개나 구할 수 있지만, 예제가 복잡하거나 난해한 통계 코드를 제공하는 경우가 많다. 여기에서 살펴볼 예제는 간결하고 빠르게 작동하기 때문에 선택한 것들이다. 그 밖의 많은 예제도 스스로 자유롭게 찾아보라.

## 심층 신경망 구축

일반적으로 신경망을 소개할 때는 단일 뉴런이나 단일 계층으로 구성된 간단한 예제부터 시작한다. 그러나 표본 유형이 생각보다 작을 뿐 아니라 작동되는 심층 Q 학습 예제를 구축하는 데 필요한 것보다 더 작다. 즉, 작동되는 예제를 작성하려면 의도된 말장난으로 뛰어들어야 한다는 말이다. 예제를 작성하려면 다음 연습 과정을 따라 하라:

1. 비주얼 스튜디오 코드를 열고[30] File | New File을 클릭한 뒤 `DeepQLearning.py`라는 이름으로 된 새 파일을 만든다.[31]

2. 코드의 첫 번째 부분에서 필요한 여러 라이브러리를 가져와야 하므로, 다음과 같이 코드를 입력한다.

---

**29** (옮긴이) 처음에 아나콘다를 설치할 때 함께 설치했다면 여기서 다시 설치하지 않아도 된다.

**30** (옮긴이) 비주얼 스튜디오 코드가 설치되어 있다면 윈도우 메뉴에서 Visual Studio Code라는 이름으로 된 폴더를 찾아 클릭한 후에 그 아래에 같은 이름으로 된 아이콘을 클릭하면 된다. 해당 메뉴가 없으면 먼저 비주얼 스튜디오 코드부터 설치하라.

**31** (옮긴이) 저자가 설명을 상당히 생략했으므로 내용을 보충하면 이렇다. 새로 만들어진 코드 파일의 이름은 'Untitled-n'과 같은 꼴로 되어 있을 것이다. 이 상태에서 File | Save를 선택(또는 Ctrl + S)하면 파일 저장 창이 뜬다. 여기서 저장 폴더의 위치를 지정해야 하는데, 될 수 있으면 현재 우리가 c:/ML-Agents/ml-agents/python/keras-rl(즉, 아나콘다 프롬프트 상에 나타나는 경로)에서 작업하고 있으므로, 여기까지 일단 폴더를 찾아 열어본다. 그러면 keras-rl 밑에 examples라는 폴더를 하나 발견할 수 있는데, 이 폴더를 예제들을 저장할 폴더로 지정하는 게 바람직하다. 즉, 예제를 저장하는 경로는 c:/ML-Agents/ml-agents/python/keras-rl/examples로 하는 게 좋다. 이렇게 폴더를 찾아 지정한 다음에 저장 창에서 파일 이름을 DeepQLearning.py로 지정하고, 파일 형식을 'Python'으로 지정한 다음에 저장 버튼을 클릭하면 된다.

```
import numpy as np
import gym

from keras.models import Sequential
from keras.layers import Dense, Activation, Flatten
from keras.optimizers import Adam

from rl.agents.dqn import DQNAgent
from rl.policy import EpsGreedyQPolicy
from rl.memory import SequentialMemory
```

3. 그런 다음 다음과 같이 몇 가지 기본 변수를 설정한다.

```
ENV_NAME = 'CartPole-v0'

env = gym.make(ENV_NAME)
np.random.seed(123)
env.seed(123)
nb_actions = env.action_space.n
```

4. 우리는 gym 라이브러리를 사용해 카트/폴 문제를 풀려고 하고, 이 때문에 ENV_NAME을
   CartPole-v0로 설정했다. 그런 다음 gym.make를 사용해 env 환경을 만든다. 이 작업이 끝
   나면 우리는 시드(seed, 난수의 씨앗) 값이 설정된 임의의 시드를 만든다. 이렇게 하면
   우리가 결과를 재현할 수 있도록 재현 가능한 무작위 순서를 만들 수 있다.

5. 다음으로 신경망을 다음과 같이 구축한다:[32]

```
model = Sequential()
model.add(Flatten(input_shape=(1,) + env.observation_space.shape))
model.add(Dense(16))
model.add(Activation('relu'))
model.add(Dense(nb_actions))
model.add(Activation('linear'))
print(model.summary())
```

---

**32** (옮긴이) 신경망을 따로 구축한다는 게 아니라 앞에 이어서 계속 코드를 입력하라는 말이다. 그리고 이번에 입력할 코드들이 신경망을 구축하는 부분이라는 뜻
이다.

**6.** 우리는 순차 신경망(sequential network)[33]을 만드는 것부터 할 생각이다. 순차 신경망은 앞에서 본 신경망의 그림과 달리 계층화된 스택(layerd stack)이다.[34] 순차 신경망을 구축하기 위해 우리는 서로 연결될 뉴런 계층을 추가한다. 우리가 추가하는(model. add) 첫 번째 계층은 Flatten(뉴런들이 평평하게 펼쳐져 놓인 계층을 의미) 형식으로서, 이 계층은 관측(observation)[35] 개수에 해당하는 뉴런의 입력 계층을 만든다. 다음으로 우리는 relu 활성 함수를 사용해 16개 뉴런을 가진 정상적인 Dense 계층[36]을 만든다. 마지막으로 linear 활성 함수가 있는 또 다른 Dense 출력 계층으로 마무리한다.

우리가 만들고 있는 모델은 입력 계층의 텐서 형상에 의해 정의된다. 이 경우 그 형상(shape)은 간단한 $1 \times 4$ 입력 배열이다. 모델로의 입력 내역은, 관측된 상태에 대한 최적 행동을 나타내는 최종 출력과 더불어, 에이전트의 관측된 상태가 된다.

**7.** 파일을 저장하라. relu, 즉 ReLu 활성 함수들 및 기타 세부 사항은 온라인에 게시되어 있는 케라스 설명서 사이트에서 찾을 수 있다.[37]

**8.** 메뉴에서 Debug | Start Debugging을 선택함으로써 디버깅을 시작하라. 이렇게 하면 지금까지 작성한 코드가 실행되고 다음 코드와 같이 모델(신경망)을 요약한 내용이 출력되어야 한다.

```
-----------------------------------------------------------------
Layer (type)             Output Shape        Param #38
=================================================================
flatten_1 (Flatten)      (None, 4)           0
-----------------------------------------------------------------
dense_1 (Dense)          (None, 16)          80
-----------------------------------------------------------------
```

---

**33** (옮긴이) 케라스의 가장 기본적인 신경망 아키텍처이다. 각 뉴런 층이 순서대로 놓이는 아키텍처를 말한다.

**34** (옮긴이) 즉, 인공 신경망 여러 개로 구성된 각 계층을 차곡차곡 순서대로 쌓아 올린 것이다.

**35** (옮긴이) 여기서 말하는 '관측'이란 신경망이 받아들이는 정보 유형을 말한다. 엑셀을 예로 들자면 엑셀의 각 행은 사례(instance)이고, 각 열이 관측(observation)에 해당한다. 파일 구조에 비유를 들자면 사례는 레코드에 해당하고, 관측은 항목(item)에 해당한다. 이 관측을 특징(feature)이라고도 한다. 관측 개수가 많다는 것은 특징, 즉 입력할 항목이 많다는 의미이므로 이에 맞춰 신경망 모델의 입력 계층의 각 뉴런의 개수도 많아져야 한다. 입력 계층의 각 뉴런이 각기 한 개의 관측을 담당해 받아들이기 때문이다. 딥러닝에 관한 사전지식이 있다면 굳이 이렇게 설명하지 않아도 될 테고, 저자도 그것을 전제로 삼아 책을 저술한 것으로 보이지만, 이해하는 데 필수인 내용이라서 부연 설명을 달았다.

**36** (옮긴이) '조밀 계층'이라는 뜻으로, 직역하면 뉴런 개수가 많은 계층이라는 뜻이지만 정확한 의미는 '완전 연결 계층(fully connected layer)'이라는 뜻이다.

**37** (옮긴이) 케라스에서 사용하는 활성 함수 종류는 많고, 어떤 활성 함수를 쓰느냐에 따라서 딥러닝 성능이 달라지므로 이 부분을 잘 연구해 보는 게 좋다. 인터넷에서 자료를 찾을 때는 '활성 함수' 또는 '활성화 함수' 또는 'activation function'으로 찾으면 된다.

**38** (옮긴이) 각 항목명은 차례대로 계층(유형), 출력 형상, 파라미터 개수이다.

```
activation_1 (Activation)        (None, 16)           0
------------------------------------------------------------------------
dense_2 (Dense)                  (None, 2)            34
------------------------------------------------------------------------
activation_2 (Activation)        (None, 2)            0
========================================================================
Total params: 114
Trainable params: 114
Non-trainable params: 0[39]
------------------------------------------------------------------------
```

출력을 살펴보면 4개 유닛[40]이 있는 입력 계층 1개[41], 16개 뉴런이 있는 은닉 계층 1개[42], 2개 유닛이 있는 출력 계층 1개[43]로 된 신경망을 만들었음을 알 수 있다. 이것은 Q 학습 방정식에 적합하게 하기 위해 사용하는 매우 간단한 신경망이다. 이 신경망을 통해 우리는 신경망을 본질적으로 방정식 풀이 장치로 사용할 수 있으므로 따로 방정식을 세우지 않아도 된다는 점을 알 수 있다.

## 모델 훈련

신경망이 우리의 Q 학습 방정식에 적합(fit)되게 하려면 반복해서 훈련해야 하는데, 보통 수천 번 넘게 반복해야 한다. 우리는 모델(신경망)이 국소 최솟값(local minimum) 또는 국소 최댓값(local maximum)[44]에 고착되지 않게 하면서 방정식을 학습 중인 문제에 점차적으로 적합되게 하려고 이 훈련을 진행하는 것이다. 훈련을 위해 조정할 수 있는 파라미터는 다양하며 복잡할 수도 있지만 걱정하지 않아도 된다. 표본을 갈무리하고 모델을 훈련하려면 다음 예제를 진행하라:

---

39 (옮긴이) 위에서부터 순서대로 전체 파라미터 개수, 훈련 가능 파라미터 개수, 훈련 불가능 파라미터 개수라는 뜻이다.

40 (옮긴이) 원문에는 없는 말이지만 이해하는 데 필수인 말이어서 포함한 단어다. 유닛(unit)이란 신경망 모델을 구성하는 단위 요소를 말한다. 즉, '신경망 단위 요소'를 말한다. 각 뉴런이나 각 입력 점 또는 각 출력 점이 이에 해당한다. 신경망 모델의 아키텍처를 그림으로 나타낼 때 보통 입력 점이나 출력 점은 작은 네모로, 뉴런은 동그라미로 표현한다.

41 (옮긴이) 표에서 flatten_1이 이에 해당한다.

42 (옮긴이) 표에서 dense_1, activation_1이 이에 해당한다.

43 (옮긴이) 표에서 dense_2, activation_2가 이에 해당한다.

44 (옮긴이) 보통 국소 최솟값이나 국소 최댓값이 각 모델에서 여러 개 나온다. 원저자는 단수인 local minimum이나 local maximum으로 표현하고 있지만, 대체로 여러 영어 원서에서는 여러 개를 의미하기 위해 local minima와 local maxima로들 표현한다. 이는 datum이 단수(즉, 자료 한 개)이고 data가 복수(즉, 자료 여러 개)를 나타내는 형식인 점과 비슷한 면이 있다. 보통 신경망 모델을 이루는 가중치들을 포함한 여러 파라미터를 조율하는 일이 곧 신경망의 학습인데, 이 조율 과정에서 다양한 해가 후보로 나오게 된다. 이러한 후보군 중에서 가장 적합한 해를 전역 최적값(global optimum, 전역 최댓값과 전역 최솟값을 포함한 개념)이라고 하며, 최적값이 아닌 나머지 값을 국소 최적값들(local optima, 국소 최댓값이나 국소 최솟값을 포함한 개념)이라고 한다. 전역 최적해는 한 개여서 단수로 표현하고, 국소 최적해는 여러 개일 수 있어서 복수로 표현했다는 점에 유념하자. 참고로 국소 최적해를 지역 최적해나 국부 최적해라고도 부른다.

1. 바로 전에 입력해던 코드 부분 바로 아래에 다음 코드를 입력하라:

```
policy = EpsGreedyQPolicy()
memory = SequentialMemory(limit=50000, window_length=1)
dqn = DQNAgent(model=model, nb_actions=nb_actions, memory=memory,
                    nb_steps_warmup=10, target_model_update=1e-2, policy=policy)
dqn.compile(Adam(lr=1e-3), metrics=['mae'])
dqn.fit(env, nb_steps=5000, visualize=True, verbose=2)
```

2. 우리는 먼저 EpsGreedyQPolicy[45] 유형의 정책(policy)[46]을 작성하는 일로 시작하는데, 이 정책은 이미 사용하고 있는 엡실론 탐욕 정책의 변형이다. 그 다음으로 우리는 SequentialMemory를 사용해 메모리를 최대 50,000으로 설정한다. 이 메모리는 에이전트들이 훈련을 위해 상태에 대해 관측한 바를 저장하는 곳이다. 그런 다음 nb_actions 모델의 메모리와 정책을 사용해 DQNAgent를 작성한다. 이 에이전트는 본질적으로 입력 및 훈련을 처리하는 브레인(brain, 유니티에서 말하는 브레인을 의미함)이다.

   다음으로 Adam 최적화기(optimizer)[47]로 dqn을 컴파일한다. Adam은 고전적인 확률적 경사하강을 사용하는 대신 새로운 형태의 훈련을 도입한다. 그런 후에, 우리는 적합(fit)하게하는 호출로 마무리하는데, 이 호출을 하면 env 환경을 5,000 단계로 나눠 시각적으로 표시하며 훈련을 수행한다.

3. 다음과 같이 입력해 스크립트를 마무리한다:

```
dqn.test(env, nb_episodes=5, visualize=True)
```

4. 이 마지막 줄은 환경에서 에이전트(즉, 브레인)를 테스트한다.

---

**45** (옮긴이) 즉, 엡실론 탐욕 Q 정책.

**46** (옮긴이) 강화학습에서는 정책이 중요한 개념이다. 이 책에 나온 에이전트(agent)를 예로 들면 에이전트가 목표에 도달하기 위해 발사 속도를 조절해야 한다고 하자. 이 때 발사 속도를 어떤 식으로 조절할 것인지에 관한 전략(또는 계획)을 수립해 두거나, 행동을 통해서 적절한 전략을 배우며 때로는 수정해 나가야 하는데, 바로 이러한 전략을 정책이라고 한다. 우리 말로는 '행동 방침'이라고 말할 때의 '방침' 정도가 적당한 번역어이겠지만, 이미 '정책'이라는 말로 번역되어 널리 쓰이고 있으므로 이 책에서도 정책이라고 표현했다.

**47** (옮긴이) 최적화기란 신경망 내 가중치를 조절하는 방식으로 최적해(best solution), 즉 전역 최적값(global optimum)을 잘 찾을 수 있게 함으로써 신경망 모델이 최량적합(best fit)이 될 수 있게 준비하는 알고리즘을 말하는데, 이런 최적화기는 다양하며 케라스에서도 다양한 최적화기를 제공한다. 다만 지금까지는 아담(Adam)이라는 최적화기가 성능이 우수한 편으로 알려져 있다. 최적화기를 보통 '옵티마이저'라고 부르는 편이지만, 그 개념을 잘 나타내기 위해 덜 쓰이지만 더 적합해 보이는 '최적화기'로 번역했다.

**5.** 파일을 저장하라.

**6.** Debug | Start Debugging을 클릭해 스크립트를 디버깅한다. 메뉴에서 옵션을 선택한 후에는 파이썬 환경도 선택해야 한다. 스크립트가 실행되면 다음 화면과 같이 카트/폴 (cart-pole) 문제[48]가 실행 중임을 나타내는 gym 환경이 표시된다.

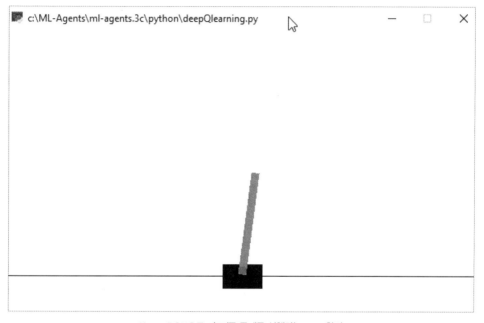

Keras DQN으로 카트/폴 문제를 실행하는 gym 환경

**7.** 스크립트가 실행되면 훈련 결과가 표시된다.

스크립트가 실행된 후 결과를 평가하고 훈련 실행 횟수 또는 신경망 자체를 늘려야 할지를 결정하라. 표본을 가지고 놀면서 어떻게 하면 더 향상시킬 수 있는지 살펴보라.

---

**48** (옮긴이) 즉, 수레/막대 문제. 평평한 궤도를 따라 움직이는 수레에 중력의 영향을 받는 막대기를 달고 수레가 움직이면서 막대기를 쓰러지지 않게 하는 문제를 말한다. 사람들이 손바닥 위에 볼펜 자루를 세워 쓰러지지 않게 하려고 애쓰는 일과 비슷하다. 똑같은 일을 에이전트(즉, 인공지능 또는 브레인)가 수레 위에 막대 자루를 세워 쓰러지지 않게 하는 식으로 진행하는 것이다.

## 텐서 탐색

파이썬에 대한 개발자들의 관심을 끄는 것은 약한 형 결정(loose typing)[49]이다. 적절한 도구, 즉 약하게 형(type)이 결정되는 적절한 도구가 없으면 응용 프로그램을 디버깅하기가 어려울 수도 있다. 이것은 코드 내에서 텐서(tensors)와 같은 복잡한 수학적 유형을 살펴보기 시작할 때 더 복잡해진다. 다행히 비주얼 스튜디오 코드는 런타임 시 형식 검사를 노출할 수 있는 간단한 파이썬 디버거를 제공한다. 다음 예제를 통해 이 작업이 어떻게 진행되는지 보자.

1. 비주얼 스튜디오 코드를 열어 직전 예제로 돌아간다.

2. 다음 이미지와 같이 에디터의 여백 부분을 클릭해 중단점을 설정하라.

```
20    model = Sequential()
21    model.add(Flatten(input_shape=(1,) + env.observa
22    model.add(Dense(16))
23    model.add(Activation('relu'))
24    model.add(Dense(nb_actions))
25    model.add(Activation('linear'))
●  26    print(model.summary())
27
28    policy = EpsGreedyQPolicy()
29    memory = SequentialMemory(limit=50000, window_le
30    dqn = DQNAgent(model=model, nb_actions=nb_action
31    target_model_update=1e-2, policy=policy)
32    dqn.compile(Adam(lr=1e-3), metrics=['mae'])
```

비주얼 스튜디오 코드에서 중단점 설정

3. 메뉴에서 Debug | Start Debugging을 선택하라. 그러면 코드가 실행되기 시작한다. 모델이 설정되고 나면 코드는 설정한 중단점에서 중단해 줄 것이다.

4. 마우스를 사용해 다음 화면과 같이 model이라고 적힌 텍스트 위로 마우스를 가져간다.[50]

---

**49** (옮긴이) 약형(loose type)과 강형(strong type) 중에서 약형을 제공해야 한다는 말이다. 약형은 약자료형(loose data type), 강형은 강자료형(strong data type)의 줄임말이다. 전자는 자료형(data type)의 일치를 엄밀하게 따지지 않는 프로그래밍 언어의 자료 처리 방식이고, 후자는 자료형의 일치를 엄밀하게 따지는 프로그래밍 언어의 자료 처리 방식이다.

**50** (옮긴이) 즉, 중단점을 설정한 26번 줄에 보이는 model이라는 문구 위에 마우스 포인터를 둔다.

```
 7
 8    from rl.          <keras.models.Sequential object at
 9    from rl.       ▲ input: <Tensor>
10    from rl.       ▶ OVERLOADABLE_OPERATORS: {'__truediv__', '_
11                   ▶ _consumers: [<tf.Operation 'flatt...ype=S
12    ENV_NAME       ▶ _dtype: tf.float32
13                     _handle_data: None
14    # Get th         _id: 0                              ons available
15    env = gy       ▶ _keras_history: (<keras.engine.topolo...29
16    np.rando       ▶ _keras_shape: (None, 1, 4)
17    env.seed       ▶ _op: <tf.Operation 'flatten_1_input' type=
18    nb_actio       ▲ _shape: TensorShape([
19                     ▶ _dims: [Dimension(None), Dimension(1), Di
20    model =          ▶ dims: [Dimension(None), Dimension(1), Dim
21    model.ad           ndims: 3
22    model.ad         ▶ [0]: Dimension(None)              _space.shape))
23    model.ad         ▶ [1]: Dimension(1)
24    model.ad         ▶ [2]: Dimension(4)
25    model.ad           _uses_learning_phase: False
● 26    print(model.summary())  _value_index: 0
27
28    policy = EpsGreedyQPolicy()
```

신경망 모델 및 텐서 유형 검사

5. 잠시 후 인스펙터 창이 나타나서 다양한 프로퍼티를 검사할 수 있다.

6. input: <Tensor> 옆에 있는 화살표를 클릭해 입력 속성을 확장한다.

7. _shape 속성도 확장하라.

8. 0, 1 및 4차원의 세 가지 차원에 대한 입력 형상이 각기 표시되어야 한다. 이것은 또한 입력 텐서의 형상을 나타낸다. 이 경우 입력 텐서는 평평한 1×4 입력 배열이며, 단일 행으로 된 행렬(matrix), 즉 벡터(vector)로 생각할 수도 있다. 단일 값을 (0,1,1) 형상으로 표현하거나 텐서가 있는 값의 임의의 차원으로 나타낼 수 있다.

9. 이런 방식으로 신경망 모델과 그 밖의 변수들을 계속 탐색할 수 있다.

입력으로서의 텐서라는 개념이 신참들에게는 상당히 혼란스러울 수 있기 때문에, 텐서(tensors)와 텐서 형상(tensor shapes)이라는 개념을 살펴보겠다. 다음 다이어그램에서 우리는 여러 값을 나타내는 6차원 텐서에 이르는 모든 값을 단일 값으로 나타내는 1차원 텐서를 보여준다.[51]

---

**51** (옮긴이) 참고로 1차원 단일 값으로 된 텐서를 '스칼라', 1차원 배열로 된 텐서를 '벡터'라고 부른다. 예를 들어 [1]은 스칼라이고, [1, 2, 3, 4]는 벡터이다.

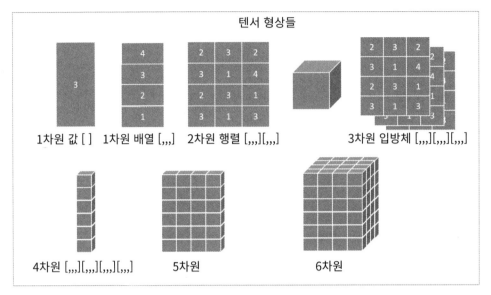

다양한 형태의 텐서

직전 예제인 카트/폴 문제에서 텐서를 여러 가지 방법으로 정의할 수 있었을 것이다. 1×4 또는 4×1 값의 2차원 배열/행렬이나 (0,1,4) 크기(dimension)인 3차원 입방체 등등이 그러한 예이다. 이로부터 우리는 어떤 형상으로 된 데이터든지 텐서 형태로 다 나타낼 수 있다는 점을 알 수 있다. 여러분은 데이터의 형상이 올바른지를 확인해야 한다. 케라스를 사용해 직접 새로운 신경망을 설정할 때 가장 큰 문제가 될 수 있기 때문이다.

우리의 백엔드(backend, 후단부) 수학 엔진[52]인 텐서플로의 이름이 당연히 이 텐서에서 따온 것이다. 대부분의 엔진을 사용할 때에는 해당 엔진의 내부 구성요소가 어떻게 사용되는지 알 필요가 없으며 텐서플로도 예외는 아니다. 따라서 텐서플로와 케라스 또는 다른 신경망 라이브러리의 내부 작동을 더 자세히 배우는 일은 독자에게 맡긴다. 팩트 출판사에는 이 주제에 대한 많은 저서와 비디오가 있다.[53]

**52** (옮긴이) 이 책에서는 에이전트의 외부 브레인을 구축하는 라이브러리 중 프런트엔드(frontend, 전단부) 머신러닝 프레임워크로는 케라스를 사용하고, 백엔드 (backend, 후단부) 머신러닝 프레임워크로는 텐서플로를 쓰고 있다.

**53** (옮긴이) 위키북스에서 펴낸 책들 중에 '강화학습', '텐서플로', '딥러닝', '케라스'라는 말이 제목에 들어간 책들에 이 책에서 다루는 인공지능, 딥러닝, 강화학습과 관련된 지식들이 자세하게 해설되어 있다.

이 예제를 바탕으로 많은 부분을 진행해 보았으므로, 이제 케라스로 여러분이 하는 일을 얼마나 줄일 수 있는지를 가늠해 볼 수 있기를 바란다. 우리는 별다른 기초 작업 없이도 모델(신경망)을 구축할 수 있어야 해서 이 예제를 선택했었다. 우리가 이 예제를 더 이상 살펴보지는 않겠지만, 여러분은 이 코드나 다른 DQN 에이전트도 직접 찾아보기 바란다. 다행히도 유니티는 이미 상태와 관측을 적절한 형상들로 사상(mapping)[54]하는 문제를 풀이해 두었다. 앞으로 우리는 다음 단원에서 근위 정책 최적화(proximal policy optimization)부터 시작해 더 많은 고급 유니티 파이썬 코드를 사용해 모델을 구축할 것이다.

## 근위 정책 최적화

지금까지 논의한 강화학습과 관련해서는 밴딧과 Q 학습으로 에이전트들을 구축하는, 상대적으로 더 간단한 기법을 살펴보았다. Q 학습은 널리 사용되는 알고리즘이며, 우리가 배웠던 것처럼 심층 Q 신경망은 카트/폴 문제처럼 더 어려운 문제를 해결하는 데 사용할 훌륭한 기반을 제공한다. 다음 표는 다양한 강화학습 알고리즘 및 이것들이 작업에 쓰이는 조건 및 작동 방법을 요약한 것이다.

| 알고리즘 | 모델 | 정책 | 행동 | 관측 | 작용소 |
|---|---|---|---|---|---|
| Q 학습(Q-learning) | 모델 비의존 | 정책 이탈 | 이산 | 이산 | Q 값 |
| 상태 행동 보상 상태 행동(state action rewards state action, SARSA) | 모델 비의존 | 정책 밀착 | 이산 | 이산 | Q 값 |
| 심층 Q 신경망(deep Q network, DQN) | 모델 비의존 | 정책 이탈 | 이산 | 연속 | Q 값 |
| 심층 결정론적 정책 경사(deep deterministic policy gradient, DDPG) | 모델 비의존 | 정책 이탈 | 연속 | 연속 | Q 값 |
| 신뢰 지역 정책 최적화(trust region policy optimization, TPRO) | 모델 비의존 | 정책 이탈 | 연속 | 연속 | 우위 |
| 근위 정책 최적화(proximal policy optimization, PPO) | 모델 비의존 | 정책 이탈 | 연속 | 연속 | 우위 |

---

**54** (옮긴이) 보통 '매핑'이라고들 표현하지만, 딥러닝과 강화학습을 잘 이해하려면 수학, 그 중에서도 위상 수학 지식이 필요한데, 이때 사용되는 핵심 개념이 '사상'이다. 이는 '어떤 함수 A로부터 B로의 사상'이라는 문구에서 볼 수 있듯이 널리 쓰이는 수학 용어이다.

위의 표에서 알 수 있듯이 우리는 Q 학습의 기본에서 빠져나와 유니티가 개발한 기본 훈련 기법인 PPO로 속도를 높였다. 이 표에는 우리가 설명하지 않은 용어가 몇 가지 있으므로, 다양한 알고리즘 간의 차이점을 이해할 수 있게 이제는 더 자세히 살펴보자. 다음은 표에 나오는 용어에 대한 간단한 해설집이다:

- **모델 비의존(model-free)**: 알고리즘이 정의된 모델에 의존하지 않는다. 대신, 알고리즘은 시행착오를 사용해 정책이나 행동 과정을 계획한다. 우리가 다루는 모든 알고리즘은 모델 비의존 방식이다.[55]

- **정책 이탈(off-policy)[56]**: 브레인/에이전트가 다음 행동을 결정하는 방법을 나타낸다. 정책 이탈인 경우, 에이전트는 엡실론 탐욕 또는 그 밖의 방식같이 아예 다른 정책을 기반으로 행동을 결정한다. 우리는 Q 학습 사례에 대한 우리의 정책 이탈 결정으로서 엡실론 탐욕을 사용했다.

- **정책 밀착(on-policy)[57]**: 현재 정책(본질적으로 행동의 가치)에 기반한 결정을 내리는 브레인/에이전트를 나타낸다. SARSA는 정책 밀착 알고리즘을 사용하는 유일한 알고리즘이다. 정책은 에이전트의 행동을 결정한다.


- **이산(discrete)**: 행동, 관측 등의 공간이 어떻게 이산 단계, 즉 빈(bin)[58]으로 나뉘는지를 나타낸다. 우리는 우리의 Q 학습 밴딧 예제에서 불연속 공간을 관측했다.

- **연속(continuous)**: 행동 공간이나 관측 공간은 연속적일 수 있다. 앞에서 살펴보았던 DQN 예제에서는 행동 공간이 이산적이었지만 상태 공간이나 관측 공간은 연속적이었다. 이것은 카트/폴 문제에서 볼 수 있듯이 정규화된 연속 값을 모델에 제공하는 이점을 제공한다. 이 예제에서 관측된 상태는 연속적이었고 더 나은 미세 조정(fine-tune)을 제공했다. 이산 알고리즘은 알려진 값 집합으로 항상 나누어져야 하는데, 이 때 바로 이 간극(gaps)때문에[59] 학습하기 어려워진다.

- **Q 값(Q-value)**: 원시 Q 값은 최대화되거나 일부 정책을 통해 결정을 내리는 데 사용된다.

---

**55** (옮긴이) 머신러닝을 크게 지도 학습, 비지도 학습, 강화학습으로 분류하고는 하는데 이 때 지도 학습과 비지도 학습 방식에서는 모델에 의존하는 반면에, 강화학습 방식에서는 모델에 의존하지 않는다.

**56** (옮긴이) 사람들이 흔히 '오프 폴리시'라고 부르지만, 이 책에서는 개념을 제대로 나타내는 용어를 만들어 표현했다. '기존 정책에서 벗어나 다른 정책을 발전시킨다'는 의미이므로 '정책 변경'으로 표현할 수도 있을 것이다.

**57** (옮긴이) 사람들이 흔히 '온 폴리시'라고 부르지만, 이 책에서는 개념을 제대로 나타내는 용어를 만들어 표현했다. '기존 정책을 바탕으로 정책을 발전시킨'는 의미이므로 '정책 유지'라고 불러도 무방할 것이다.

**58** (옮긴이) '통'이라는 뜻으로, 그래프 상에 연속으로 나오지 않고 띄엄띄엄 통 모양(즉, 막대 그래프 모양)으로 나오는 이산 값 집합을 말한다. 또는 막대 그래프 상에 서로 떨어져 있는 각 막대기를 의미하기도 한다. 해당 막대기가 이산 값 집합을 나타내므로 결국 같은 말이다.

**59** (옮긴이) 각 값 집합 사이에 있는 간극. 즉 값이 이어지지 않는 부분.

- **우위(advantage)**[60]: Q 값은 더 나은 우위를 제공하는 조치를 결정하는 일련의 조치에 대해 다른 값과 비교된다. 이것은 상대방 말의 움직임에 대한 평가에 기초해 유리한 위치로 말을 옮기려고 시도하는 체스 게임과 다르지 않다.[61]

더 공식적인 소개에서는 각 알고리즘의 세부 사항을 전체적으로 자세히 설명한다. 물론 각 알고리즘에는 강점과 약점이 공존하지만 궁극적으로 우리가 앞으로 나아갈 대부분의 문제에 대해 PPO가 최고 성능을 보일 것이다.

그러므로 PPO가 실제로 작동하는지 살펴봄으로써 다음 절에서 PPO의 수행 방법을 볼 수 있다.

## PPO 구현

유니티가 훈련용으로 제공한 PPO(근위 정책 최적화)의 구현은 우리가 아주 빨리 조합할 수 있는 단일 스크립트로 설정되었다. `unityenvironment` 예제 프로젝트에 대한 유니티를 열고 다음 단계를 수행하라:

1. `Assets/ML-Agents/Examples/GridWorld` 폴더에서 **GridWorld** 씬을 찾는다. 이것을 열려면 더블클릭하라.

2. **GridWorldBrain**을 찾아[62] **External**로 설정하라.

3. 최소화된 상태로 실행되도록(to run minimized) 프로젝트를 이미 설정한 경우라면 다음 단계로 진행하라. 그렇지 않은 경우 필요한 설정을 배우려면 'ML-Agents 외부 브레인'이라는 이름으로 된 단원으로 다시 돌아가야 한다.

4. 메뉴에서 **File | Build Settings...**를 선택한다.

---

**60** (옮긴이) 사람들이 흔히 '어드밴티지' 또는 '이점'이라고 부르지만, 이 책에서는 개념을 제대로 나타내는 용어로 번역했다.

**61** (옮긴이) advantage는 '(상대적으로) 유리한 점' 또는 '(상대적인) 우위'를 의미한다. 즉, 경쟁 상대보다 앞선 상태를 말한다. 나중에 나오지만 연기자-비평가 알고리즘에서는 연기자와 비평가가 서로 우위(더 우월한 자리)를 차지하려고 경쟁하면서 정책을 더 나은 것으로 만들어가게 된다.

**62** (옮긴이) 하이어라키 창에 있는 GridAcademy 오브젝트를 펼치면 보인다.

5. 이전 씬을 선택 취소하고 **Add Open Scenes**를 클릭해 **GridWorld** 씬을 빌드에 추가한다. **63**

6. **Build**를 클릭해 프로젝트를 빌드하고, 다시 출력되는 빌드가 들어갈 폴더로 python 폴더 **64**를 선택했는지 확인하라. 다시 말하지만 빌드를 찾지 못하겠으면 'ML-Agents 외부 브레인' 단원을 참조하라. **65**

7. 파이썬 셸 또는 아나콘다 프롬프트 창을 연다. 루트 소스 폴더인 ml-agents로 이동하라.

8. 다음을 사용해 ml-agents 환경을 활성화하라: **66**

```
activate ml-agents
```

9. ml-agents 폴더에서 다음 명령을 실행하라.

```
python python/learn.py python/python.exe --run-id=grid1 --train
```

10. 여러분이 지닌 파이썬 엔진에 따라서는 파이썬 3을 사용해야 할 수도 있다. 어쨌든 9단계까지 따라왔다면 python/python.exe 환경에 대해 learn.py 스크립트가 실행된다. 윈도우가 아닌 경우 실행 파일 이름을 입력해야 한다는 점을 명심하라. 그런 다음 나중에 실행을 식별하는 데 사용할 수 있는 유용한 run-id를 설정한다. 마지막으로 우리는 --train 스위치를 설정해 agent/brain도 훈련되도록 한다.

11. 스크립트가 실행되면 유니티 환경이 시작되고 셸 창이나 프롬프트에 다음과 같은 콘솔 창 화면과 같이 훈련 통계가 표시된다:

---

**63** (옮긴이) 이렇게 하기 전에 GridWorld 씬을 저장해 두어야 한다. 저장하지 않았다면 지금이라도 저장부터 하자.

**64** (옮긴이) 즉, c:/ML-Agents/ml-agents/python.

**65** (옮긴이) 해당 단원에서 말했듯이 최신 유니티(2018 버전 이후)에서는 해당 빌드의 이름이 'Unity Environment'로 부여되어 여러분이 지정한 python 폴더 안에 생성된다. 그리고 편의를 위해(즉, 다음에 나오는 명령들에서 지정한 이름에 맞추기 위해) Unity Environment라는 빌드 파일 이름을 python이라는 이름으로 바꾸라는 것이다(주의: 빌드 파일 이름을 바꿀 때 Unity Environment_Data 폴더의 이름도 python_Data로 바꿔줘야 한다. 이러지 않으면 오류가 생긴다). 빌드 파일 이름을 바꾸지 않을 거면 9단계에 나오는 명령을 python python/learn.py python/Unity Environment.exe —run-id=grid1 —train라는 식으로 내려야 하는 꼴이 되는데 이렇게 되면 명령 문장 중에 공백이 들어가게 되어 명령이 실행되지 않는다. 그렇기 때문에 차라리 빌드 파일 이름을 바꾸라는 것이다. 이 점을 이해하지 못하겠다면 이 점을 다뤘던 단원을 다시 살펴보고 이해하라는 말이다.

**66** (옮긴이) 이미 활성화되어 있는 상태라면 다시 활성화하지 않아도 된다. 활성화가 되었는지 여부는 프롬프트의 제일 앞부분에 (ml-agents)라는 문구로 알 수 있다. 프롬프트가 (ml-agents) c:\ML-Agents\ml-agents)처럼 되어 있으면 활성화된 것이다.

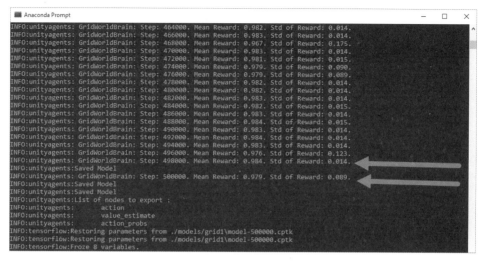

learn.py에서 생성된 훈련 결과

필요하다면 훈련을 계속 진행하라. 컴퓨터 성능에 따라서 혹은 반복 횟수에 따라서는 몇 시간 동안이나 훈련을 살펴봐야 할 수도 있는데, 맞는 말인 것이, 말 그대로 오래 기다려야 할 수도 있기 때문이다. 환경이 훈련되는 과정에서 에이전트가 이리저리 돌아다니면서 거듭해서 재설정되는 일을 볼 수 있다. 다음 단원에서 우리는 통계가 우리에게 알려주려 하는 내용을 자세히 살펴볼 생각이다.

## 텐서보드를 사용한 훈련 통계 이해

본질적으로 머신러닝은 통계와 통계해석 및 확률 이론에 뿌리를 두고 있다. 일부 머신러닝 알고리즘처럼 모델을 훈련하기 위해 통계적 방법을 엄격하게 사용하지는 않지만, 어쨌든 우리는 통계를 사용해 훈련 성능을 평가한다. 다행스럽게도 고등학교 통계에 대한 추억을 간직하고 있겠지만, 그렇지 않다면 다시 한 번 훑어보는 게 도움이 될 것이다.

우리가 사용할 유니티 PPO 및 기타 강화학습 알고리즘을 텐서보드(TensorBoard)[67]라는 도구를 사용해 에이전트/환경이 실행되는 동안 통계를 평가할 수 있다. 텐서보드로 훈련을 지켜보면서 다른 격자(grid) 환경을 실행하고 다음 단계를 수행하라:

---

**67** (옮긴이) 구글이 제공하는 머신러닝 시각화 라이브러리이다. 텐서플로와 잘 연동된다. 텐서플로를 다룬 도서들에 간혹 텐서보드를 자세히 설명하는 경우가 있다. 인터넷으로 검색해도 다양한 자료를 찾을 수 있다.

1. 비주얼 스튜디오 코드나 그 밖의 텍스트 에디터에서 `trainer_config.yaml` 파일을 연다.[68] 이 파일에는 모델을 훈련하는 데 사용되는 다양한 훈련 파라미터가 포함되어 있다.

2. 다음 코드와 같이 GridWorldBrain에 대한 구성 내역을 찾는다:[69]

```
GridWorldBrain:
    batch_size: 32
    normalize: false
    num_layers: 3
    hidden_units: 256
    beta: 5.0e-3
    gamma: 0.9
    buffer_size: 256
    max_steps: 5.0e5
    summary_freq: 2000
    time_horizon: 5
```

3. 위에 강조 표시해 둔 코드에서와 같이 num_layers 파라미터를 1에서 3으로 변경하라.[70] 이 파라미터는 신경망에 포함될 계층 수를 설정한다. 더 많은 계층을 추가하면 모델을 더 잘 일반화할 수 있는데, 이게 좋다. 그러나 이렇게 하면 훈련 수행 성능이 떨어지거나 에이전트가 학습하는 데 걸리는 시간이 늘어난다. 훈련에 CPU/GPU를 투입한다면 이렇게 하는 게 좋지만, 우리 모두가 그렇게 하지는 않으므로, 훈련 성능을 평가하는 게 필수적이다.

4. ml-agents 폴더에서 명령 프롬프트 또는 셸을 열고 다음 명령을 실행한다:

**`python python/learn.py python/python.exe --run-id=grid2 --train`**

5. --run-id 파라미터를 grid1에서 grid2로 바꿨다는 점에 유의하라. 이렇게 하면 데이터에 대해서 다시 런(run, 連)하게 하고 이를 직전 런과 실시간으로 비교할 수 있다. 그러면 새로운 훈련 세션이 시작된다. 세션을 시작하는 데 문제가 있으면 한 번에 하나의 환경만 실행하고 있는지를 확인하라.

---

68 (옮긴이) c:/ML-Agents/ml-agents/python에 들어 있다.

69 (옮긴이) 비주얼 스튜디오 코드로 보면 125번 줄부터 시작되는 부분이다.

70 (옮긴이) 변경한 후에 꼭 저장도 해 주어야 한다.

6. 동일한 ml-agents 폴더에 대해 새 명령 프롬프트 또는 셀 창을 연다.[71] 앞에서 연 훈련 창
   은 계속 실행되고 있어야 한다.

7. 다음 명령을 실행하라:

```
tensorboard --logdir=summaries
```

8. 이렇게 하면 텐서보드 웹 서버가 시작되어 웹 UI를 통해 훈련 결과를 볼 수 있다.

9. 호스팅 끝점(일반적으로 http://localhost:6006) 또는 컴퓨터 이름[72]을 기억해 두었다가,
   웹 브라우저를 열고 주소창에 붙여넣는다. 잠시 후 다음 화면과 같이 텐서보드 사용자 인
   터페이스가 표시된다.

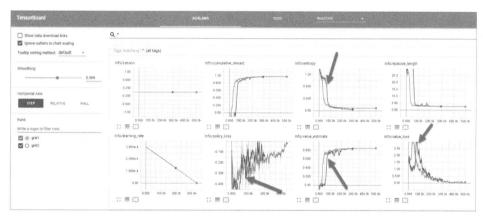

GridWorld에 대한 훈련 결과를 보여주는 텐서보드 사용자 인터페이스

두 번째 훈련 세션에서 진행 상황을 보려면 잠시 기다려야 한다. 하지만 이전 이미지에서 볼 수
있듯이 새로운 모델(grid2)이 훈련 과정에서 뒤처져 있음을 알 수 있다. 각 플롯의 파란색 선이
훈련을 따라잡기 위해서 어떤 식으로 수천 번을 반복하는지에 주목하자. 이것은 더 일반적인
다층 신경망의 결과이다.

---

**71** (옮긴이) 새 **프롬프트** 창을 연 후에 1) activate ml-agents, 2) cd c:/ML-Agents/ml-agents라는 식으로 두 가지 명령을 해 줘야 한다는 점에 유념하자. 그래
   야 먼저 실행 두고 있는 훈련창과 같은 환경에서 작업할 수 있게 되는 것이다.

**72** (옮긴이) 컴퓨터 이름이 LG-Ultrabook이라면 http://lg-ultrabook:6006/이 될 것이다.

이 예제에서는 큰 문제가 아니지만, 더 복잡한 문제의 경우 지연(lag)이 큰 차이를 만들 수 있다. 일부 그림은 전반적인 엔트로피 그림과 같은 개선 가능성을 보여주지만 상당한 개선은 보이지 않는다. 이 예제에는 단일 계층 신경망을 사용하는 것으로 충분할 것이다.

더 복잡한 훈련/학습 시뮬레이션을 개발할 때 다음 장에서 이러한 플롯을 자세히 살펴볼 것이다. 지금은 다음 절의 예제를 실행하는 데 시간을 할애하라.

## 연습문제

다음 연습문제를 스스로 풀어보라:

1. trainer_config.yaml 파일의 GridWorldBrain 파라미터를 변경하고 추가 훈련 세션을 실행해 파라미터 변경의 효과를 탐색하라.

2. 3DBalls 환경을 구축하고 외부 브레인을 사용해 learn.py라는 PPO 알고리즘으로 훈련하라.

3. Ball3DBrain에 대한 trainer_config.yaml 파일의 파라미터를 변경하고 시뮬레이션을 다시 실행한 다음 텐서보드로 결과를 보라.

몇 가지 예제를 실행하고 일부 훈련 파라미터를 구성하려면 약간의 시간이 걸릴 수 있다는 점에 유념하라. 이러한 하이퍼 파라미터가 모델 훈련에 미칠 수 있는 영향을 이해하는 일은 작업 모델을 성공적으로 훈련하는 일에 아주 중요할 수 있다.

# 요약

이번 장에서는 DQN 및 PPO 같이, 더 정교한 강화학습 알고리즘의 내부 행동을 자세히 살펴보았다. 파이썬 도구 및 의존 파일의 설치 과정을 살펴보면서, 주피터 노트북 같은 더 기본적인 도구를 사용하는 방법도 배웠다. 그런 다음 외부 파이썬 에이전트의 브레인을 사용하는 ML-Agents 예제를 만들었다. 그 후에 뉴런과 신경망의 기초를 다뤘다. 거기에서 케라스를 사용하는 DQN과 기본적인 Q 학습 에이전트를 살펴보았다. PPO라고 하는 다른 강화학습 알고리즘을 살펴봄으로써 이번 장을 완성했다. 우리가 배웠듯이, PPO는 다양하고 복잡한 상황에 꼭 필요한 도구가 될 것이다.

이번 장에 대한 우리의 여정이 어느 정도는 다음 장의 기초가 되는데, 다음 장에서는 이번 장에서 배운 기초를 토대로 깊숙이 파고 들어간다. 우리는 다음 장에서 더 정교한 그 밖의 학습 시나리오를 이끌 수 있는 방법과 PPO를 자세히 살펴볼 것이다.

# 04

# 더 깊은 딥러닝 속으로

3장의 마지막 부분에서는 PPO라는 고급 강화학습 알고리즘을 사용했을 때 신경망으로 할 수 있는 일을 살펴보았다. 우리가 다루지 않았던 것은 이 코드의 작동 방식과 작동 여부에 대한 세부 사항이다. 이 모델의 모든 세부 사항을 모두 가르치려면 그 자체만으로 책 한 권이 필요하겠지만, 이번 장에서 기본 특성들을 다루며 시험해 보려고 한다. 또한 유니티에 특정된 훈련을 구현하는 일을 이야기할 것이지만 많은 개념을 다른 딥러닝 모델에도 옮겨 갈 수 있음을 명심하라.

이번 장에서는 PPO를 사용하는 learn.py 훈련 스크립트 내부의 여러 개념을 살펴보고 유니티 ML-Agents 예제를 살펴본다. 이번 장에서 다루는 내용은 다음과 같다:

- 에이전트 훈련 문제
- 합성곱 신경망
- 경험 재연
- 부분 관측성, 기억 및 순환 신경망
- 연기자-비평가 훈련
- 예제

한 가지 주의할 점은 신경망 또는 딥러닝을 사용하면 매우 특정한 문제만 해결할 수 있다는 점이다. 그러나 이것이 여러분이 배운 동일한 개념 중 많은 부분을 다른 문제에 적용할 수 없다는 것을 의미하지는 않는다. 이번 장을 공부하는 내내 이 점을 항상 염두에 두라.

이번 장에서 우리는 잠시 내려놓았던 부분부터 다시 이어 갈 것이므로, 여러분은 진도를 빼기 전에 *3장, '파이썬을 이용한 심층강화학습'*을 마무리해야 한다.

## 에이전트 훈련 문제

유니티의 훈련 스크립트에 사용된 고급 기술을 사용하기 전에 에이전트가 훈련을 어떤 식으로 중지할 수 있는지를 조금 더 이해해야 한다. 직전 장에서 중단했던 지점으로 돌아가 유니티를 열고 다음 단계를 사용해 에이전트의 훈련을 우리가 얼마나 쉽게 중단할 수 있는지 살펴보라:

1. 유니티로 GridWorld 예제를 연다. 도움이 필요하면 3장으로 돌아가서 이 예제를 다시 살펴보라.

2. 하이어라키 창에서 GridAcademy 오브젝트를 찾아 클릭한 다음, 인스펙터 창에서 다음 컴포넌트를 찾아 다음 요약 내용처럼 값을 설정하라:

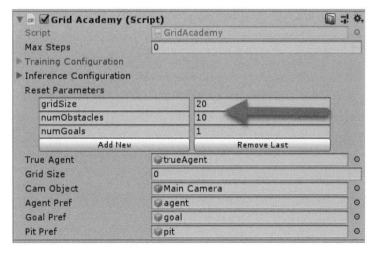

격자 예제의 파라미터 설정

3. 앞의 화면과 같이 gridSize를 20으로, numObstacles를 10으로, numGoals를 1로 설정하라.

4. Player 또는 Heuristic 브레인을 사용하도록 GridWorldBrain을 설정하라.

5. Play를 눌러 예제를 실행하고 게임을 보라. 여분의 많은 장애물이 있는 훨씬 더 큰 격자에 주목해야 한다. 브레인을 Player로 설정했다면 계속해서 게임을 몇 번 해 보라. 여러분이 시간을 초과하게 되거나 에이전트가 그럴 수도 있는데, 이는 또한 최대 스텝 크기를 늘려야 한다는 점을 의미한다.

우리는 끊임없이 달리기만 하는 에이전트가 되지 못 하게 에이전트의 스텝(step) 크기를 제한한다. 이렇게 하지 않으면 아주 오랫동안 달리면서도 진척이 별로 없는 에이전트로 게임이 끝나 버리거나, 에이전트의 스텝 크기 때문에 게임이 끝나지 못 하게 되는 경우 게임이 전혀 진행되지 않을 수 있다. 반대로 스텝 크기가 너무 크면 훈련 속도가 느려진다. 따라서 훈련 시간을 줄이기 위해 항상 에이전트의 스텝 크기를 최소화하려고 노력하라.

6. Play를 눌러 씬 실행을 중지하라.

7. 하이어라키 창에서 trueAgent 오브젝트를 선택한 다음에, 인스펙터 창에서 다음 화면과 같이 Grid Agent (Script) 컴포넌트를 찾는다.

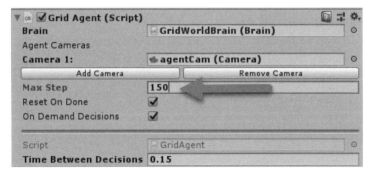

격자 에이전트에서 최대 단계 크기 설정

8. 앞의 화면과 같이 Max Step<sup>최대 스텝</sup> 크기를 150으로 설정하라.

9. *3장, '파이썬을 이용한 심층 강화학습'*의 끝부분에서 했던 것처럼 외부 브레인을 사용하고 External 에이전트 훈련을 위한 유니티 환경을 구축하도록 GridWorldBrain을 다시 설정하라.

10. 필요한 경우 3장을 다시 참조해 learn.py 훈련 스크립트를 실행하라. 텐서보드에서 결과를 시각화하기 위해 run-id 파라미터를 grid3 또는 그 이상으로 변경하고자 할 수 있다.

11. 다음 화면과 같이 에이전트를 약 16,000회에서 20,000회에 걸쳐 반복 실행하라.

```
INFO:unityagents: GridWorldBrain: Step: 2000. Mean Reward: -1.394. Std of Reward: 0.468.
INFO:unityagents: GridWorldBrain: Step: 4000. Mean Reward: -1.390. Std of Reward: 0.733.
INFO:unityagents: GridWorldBrain: Step: 6000. Mean Reward: -1.319. Std of Reward: 0.490.
INFO:unityagents: GridWorldBrain: Step: 8000. Mean Reward: -1.273. Std of Reward: 0.683.
INFO:unityagents: GridWorldBrain: Step: 10000. Mean Reward: -1.158. Std of Reward: 0.647.
INFO:unityagents: GridWorldBrain: Step: 12000. Mean Reward: -1.413. Std of Reward: 0.274.
INFO:unityagents: GridWorldBrain: Step: 14000. Mean Reward: -1.109. Std of Reward: 0.883.
INFO:unityagents: GridWorldBrain: Step: 16000. Mean Reward: -1.251. Std of Reward: 0.472.
INFO:unityagents: GridWorldBrain: Step: 18000. Mean Reward: -1.203. Std of Reward: 0.593.
INFO:unityagents: GridWorldBrain: Step: 20000. Mean Reward: -1.199. Std of Reward: 0.672.
```

에이전트가 훈련을 통해 얻은 결과

여기서 볼 수 있는 것은 일관성 없는 훈련 수렴인데, 이는 모델이나 시나리오에 문제가 있다는 징후이다. 다음 단원에서 이 문제를 해결하는 방법을 살펴보겠다.

## 훈련이 잘못되었을 때

우리가 훈련이 잘못될 수 있는 상황에 쉽게 빠질 수 있다는 것은 놀라운 일이 아니다. 불행히도, 이러한 상황들은 커다란 폭발 같은 게 아니라, 우리 에이전트가 점진적으로 배우게 되지 않거나 향상되지 않는 종류의 문제이다. 이런 일들은 일반적으로 다음과 같은 이유로 벌어진다:

- **보상이 잘못되었다(드문 보상)**: 일반적으로 여러분은 −1.0 ~ +1.0 범위 내에서 머물기를 원할 테고, 미리 준비해 둔 보상 값들이 있을 것이다.

- **관측이 잘못되었다**: 모델에 따라 관측이 너무 많거나 적을 경우 문제가 될 수 있다.

- **하이퍼 파라미터**: 여기에는 많은 파라미터가 포함되며 이를 조정하는 방법을 이해하지 않으면 좌절하게 될 수 있다. 물론 우리는 이러한 파라미터들을 올바르게 조정하는 방법을 배우는 데 시간을 할애할 것이다.

우리는 다음 두 단원을 통해 처음 두 개를 더 자세히 설명할 것이다. 우리는 나머지 장의 학습 과정 중 일부 부분에서 세 번째를 다룰 것이다.

## 드문 보상 수정

보상을 너무 높게 또는 낮게 설정하거나 보상 기회가 드물거나 희박할 때 보상 문제가 발생할 수 있다. 직전에 나온 예제에서 격자를 5×5 크기를 20×20 크기로 확장했을 때, 우리는 또한 매우 희박하거나 드문 보상이 되게 했다. 이는 에이전트가 보상에 목매달아야 하고 특히 운이 좋을 필요가 있다는 점을 의미한다. 우리는 사용 가능한 목표의 수를 늘림으로써 이를 향상시 킬 수 있다. 드문 보상 문제를 해결하려면 다음 단계를 수행하라.

1. 유니티 에디터를 열고 **Grid Academy** 오브젝트의 컴포넌트를 인스펙터 창에서 찾는다.

2. numGoals 속성을 10으로 설정한다. 목표 수를 늘리면 에이전트는 쉽게 긍정적인 보상 을 받을 수 있다.

3. learn.py로 환경을 구축하고 훈련 세션을 운영하라. 에이전트의 훈련이 신속하게 수렴되 는지 확인해야 한다.

보상 문제는 일반적으로 수정하기가 쉬우므로, 에이전트 훈련이 느려진다면 가장 먼저 조정 해 보아야 할 것이다. 다음 단원에서는 부정확한 관측 공간의 문제를 어떻게 해결할 것인지 살펴보겠다.

## 상태 관측 수정

에이전트를 잘 훈련하려면 상태 관측(observation of state) 방식이 에이전트에게 적당한 것 인지를 파악해야 한다. 이전 예제의 대부분에서는 상태 관측을 구축하는 방식이 매우 단순했지 만, 이제는 알 수 있듯이 에이전트의 상태가 상당히 중요할 수 있다. 사실 현재 다루고 있는 일 부 강화학습 문제에는 알려진 우주의 원자 수를 초과하는 상태가 있는데, 맞는 말인 것이, 말 그대로이기 때문이다. 우리는 3장에서 이 주제를 다루었다. 이 3장에서 에이전트 관측이 어떻 게 신경망에 입력으로 사상(mapping)될 수 있는지를 보여주었다. 유니티 외부 브레인 훈련기 를 구성할 때 에이전트가 관측해야 하는 방식이나 방법을 이해하는 것이 필수적이다.

우리가 당면한 이 문제를 해결하거나 훈련에서 에이전트를 개선하기 위해 우리는 에이전트의 상태를 확장할 것이다. 에이전트의 상태를 늘리게 되면 에이전트는 더 세밀하게 (환경에) 간섭하게 된다. 결국, 우리 에이전트는 상태라는 감각을 동원해 놀이 공간을 눈관측(visual observation)[1]하고 있는 것이다. 다음 실습은 에이전트의 상태 또는 눈관측을 확장해 훈련을 향상시킬 수 있는 방법을 보여준다.

1. 다음 화면과 같이 하이어라키 창에서 GridWorldBrain을 찾아 인스펙터 창에서 Visual Observation 공간을 조정하라.

에이전트의 눈관측 공간 조정

2. GridWorldBrain은 Visual Observation을 상태 뷰[2]로 사용한다. 기본적으로 에이전트는 별도의 카메라를 사용해 게임 영역의 화면을 찍은 다음 이를 상태로 해석한다.

---

1 (옮긴이) 육안으로 관측하는 일. 화학 용어인 '눈측측'을 차용해 번역했다. 목측관측(eye-estimation)이 눈대중으로 무언가를 어림해서 재는 일이므로 이 용어를 피했다.

2 (옮긴이) 즉, 상태를 관찰하는 시야. 눈을 통해서 우리가 주변 환경을 살펴 볼 수 있듯이, 에이전트는 이 상태 뷰를 통해서 환경을 관측할 수 있다.

3. 씬에서 **agentcam**을 선택하라. 그러면 에이전트가 보는 뷰가 표시된다.[3] 에이전트는 이 카메라를 사용해 모든 단계에서 씬의 스냅 샷을 찍어 로 이미지(raw image)로 브레인에 전송한다. 색상을 사용하는 84×84 크기의 이전 설정은 격자 크기의 증가에 대한 세부 정보를 파악하기에 충분하지 않았다. 그러므로 해상도를 높여야 하지만, 오브젝트를 형상으로 나타내기 때문에 우리는 아마도 색상을 세거할 수 있을 것이다. 다음은 128×128 흑백 이미지와 84×84 컬러 이미지를 대조해 본 예이다.

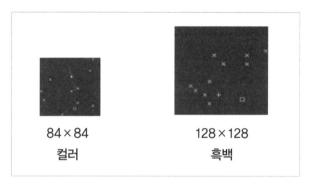

눈관측 공간의 비교

4. 에이전트는 이미지의 각 픽셀과 색상 채널을, 내부 신경망 내에서 정규화된 입력으로 사용한다. 정규화된 입력은 0~1.0의 범위로 인코딩된다.

5. 브레인이 **External**로 설정되었는지 확인하고[4] 프로젝트를 빌드하라.

6. learn.py를 사용해 **PPO** 모델로 환경을 다시 실행하라. 선택한 파이썬 환경에 따라 python 대신 python3을 사용해야 할 수도 있다.

```
python python/learn.py python/python.exe --run-id=largegrid1 -- train
```

7. 에이전트를 다시 지켜보라. 여러분은 조금 향상된 면을 볼 수도 있겠지만, 그다지 많이 향상되지는 않는다.

---

3  (옮긴이) 씬 창에 Camera Preview라는 이름을 지닌 작은 창이 나타난다. 해당 창에 보이는 장면이 에이전트가 게임 영역을 바라보고 있는 장면이다.

4  (옮긴이) 즉, GridWorldBrain 오브젝트의 Brain Type(인스펙터 창에 나옴)이 External로 되어 있는지를 확인하라는 말이다.

8. GridWorldBrain의 Visual Observation 공간을 이전 $128 \times 128$에서 $256 \times 256$으로 늘리고 Black and White 체크를 해제하라.

9. 환경을 다시 빌드하고 실행하라. 에이전트가 수렴의 징후를 보일수록 더 나은 훈련 결과를 얻을 수 있다. 모델을 가지고 놀면서 더 발전시킬 수 있는 방법을 확인하라.

컬러를 다뤄 보면서 관측 공간을 $84 \times 84$에서 $256 \times 256$으로 늘림으로써 작업/학습 에이전트를 만들기 위해 훨씬 더 큰 시각적 상태로 만들어 볼 수 있었지만 상당히 느려졌다. 최적의 Visual Observation 차원들을 $84 \rightarrow 256$ 사이의 값으로 추측할 수 있는지를 확인하라. 차원을 테스트한 후에 학습 과정에서 색상을 사용하는 일을 활성화/비활성화하는 효과가 무엇인지 확인하라.

문제가 계속 발생하면 numGoals 파라미터를 다시 늘리라. 원래 예제에서, 우리는 $5 \times 5$ 격자에서 매 25개 셀에 대해 보상을 받았다. 우리가 격자 크기를 $20 \times 20$으로 하고 목표를 10개로 올렸을 때 보상 대비 면적 비율은 40개의 격자 셀에서 여전히 1 보상($400/10 = 40$)이었다.

인간을 능가하는 에이전트를 가르치기 위해 강화학습을 사용하는 고전적인 80년대 아타리 게임으로 수행된 연구에서도 동일한 방법을 사용해 상태를 파악했다. 그러나 우리는 약간의 전처리 없이는 이미지에서 상태를 해석할 수 없다. 다행히도 유니티 훈련기는 이미 이 기능을 신경망 형태로 통합했다. 이 점을 바로 이어서 나오는 다음 단원에서 다룰 것이다.

## 합성곱 신경망

수년에 걸쳐 이미지 인식을 수행하기 위해 신경망을 사용하면서 많은 작업이 이루어졌고, 합성곱 신경망(convolutional neural network, CNN)이라는 기술이 이미지의 특징을 식별하는 더 나은 방법을 제공하기 위해 개발되었다. 이 기법은 다음 다이어그램과 같이 이미지를 대상으로 단계별로 합성곱을 하는 방식으로 작동한다.

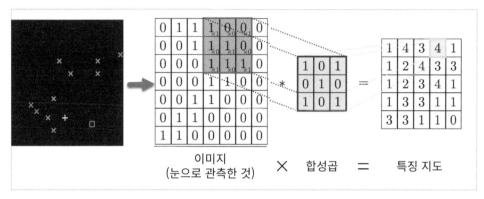

이미지
(눈으로 관측한 것)　×　합성곱　=　특징 지도

이미지에서 함수를 추출하는 CNN 작업

여기서 일어나고 있는 일은 보폭(stride)[5]에 의해 설정된 합성곱 행렬을 합성곱 단계에서 이미지에 곱함으로써 특징 지도(feature map)를 생성한다는 것이다. 우리는 픽셀들의 각 부분을 분리하기 위해 이렇게 한 다음에, 그룹화 필터를 적용해 이미지의 특징을 분리한다. 이렇게 하지 않으면 신경망이 이미지의 원래 픽셀을 평가하게 되어 이미지의 중요한 특징을 인식하기 어렵게 된다. 이런 방식은 그림을 너무 가까이 두고 보는 것과 다르지 않다.[6] 신경망이 이미지를 인식하는 데 사용되는 애플리케이션에서 우리는 종종 대응하는 풀링 계층(pooling layer)[7]을 사용하고 또 다른 합성곱 계층 다음에 다른 풀링 계층을 사용한다. 어쨌든 이런 식으로 이미지를 단순하게 만들어 가는 동안 데이터에서 공간적 정보(spatial information)[8]가 제거될 수 있다.[9] 따라서 공간을 인식해야 하는 게임 및 시뮬레이션을 다루고 있으므로 우리는 풀링 계층을 삭제하고 그 대신에 합성곱 계층을 사용한다. Learn.py 훈련기가 합성곱 신경망(CNN) 계층을 사용하는 방법을 보려면 다음 예제를 진행하라:

---

**5** (옮긴이) 합성곱을 하기 위해 그림의 일부분을 떼어서 보며 나가는 속도. 예를 들어 가로 20, 세로 20으로 된 격자를 가로 4, 세로 4로 된 격자 단위로 합성곱 처리를 할 때, 몇 칸씩 옮겨 가며 할지를 정해야 할 때 바로 이 옮겨 가는 칸 수가 '보폭'에 해당한다. 아직 이 보폭이라는 용어를 쓰기보다는 '스트라이드'라고 부르는 경향이 있지만, 보폭이 적합한 용어다.

**6** (옮긴이) 산을 너무 가까이서 보면 나무만 보여 산의 각 특징(산세나 형상이나 색상 등)을 보기 어렵지만, 어느 정도 멀리 떨어져서 산을 보면 그러한 특징이 한 눈에 잘 보이는 원리이다. 이게 합성곱 신경망의 원리이다. 합성곱 신경망은 고양이 그림 등의 그림을 가까이서 보듯이 원래 픽셀 단위로 처리하기보다는, 멀리서 보듯이 각 픽셀을 뭉그러뜨림(즉, 합성곱을 함)으로써 고양이의 얼굴 특징과 같은 그림의 특징을 찾아내는 역할을 하는 신경망이다.

**7** (옮긴이) 수리/통계 용어에 맞추자면 '병합 계층'이라는 뜻이다. 합성곱 단위가 되는 그림의 각 부분을 하나로 합기 때문에 병합이라고 한다.

**8** (옮긴이) 공간(여기서는 이미지) 중에서 무언가를 알아차리는 데 꼭 필요한 특징을 제외한 나머지 정보.

**9** (옮긴이) 각 픽셀의 위치 정보가 사라진다는 말이다. 풀링 계층에서 여러 픽셀을 하나로 병합하므로 병합되기 전의 각 픽셀의 고유한 위치 속성이 사라진다.

1. GridWorld 예제를 다시 5×5 격자로 되돌리고 목표와 장애물이 하나만 있게 되돌린다. 이전에 여러 번 해본 것과 같은 환경을 구축하라.[10]

2. 셸 또는 탐색기 창을 열고 ml-agents 폴더 내의 python 폴더로 이동하라.

3. 비주얼 스튜디오 코드 또는 원하는 파이썬 에디터의 unitytrainers 폴더에서 models.py 파일을 찾아서 연다.

4. create_visual_encoder 함수를 찾을 때까지 아래로 스크롤하라.

```
def create_visual_encoder(self, image_input, h_size, activation, num_layers):[11]
    """
    시각적 인코더(CNN) 모음을 빌드한다.
    :param image_input: 사용할 이미지 입력에 대한 자리표시자.
    :param h_size: 은닉 계층 크기.
    :param activation: 계층들에서 사용할 활성 함수의 유형.
    :param num_layers: 생성할 은닉 계층들의 개수.
    :return: 은닉 계층 텐서들로 이뤄진 리스트.
    """
    conv1 = tf.layers.conv2d(image_input[12], 16, kernel_size=[8, 8], strides=[4, 4],
                             activation=tf.nn.elu)
    conv2 = tf.layers.conv2d(conv1, 32, kernel_size=[4, 4], strides=[2, 2],
                             activation=tf.nn.elu)
    hidden = c_layers.flatten(conv2)

    for j in range(num_layers):
        hidden = tf.layers.dense(hidden, h_size, use_bias=False,    activation=activation)
    return hidden
```

---

10 (옮긴이) 즉, GridAcademy 오브젝트의 Grid Academy (Script) 컴포넌트 중 gridSize 속성은 20, numObstacles 속성은 1, numGoals 속성은 1로 다시 돌려 놓으라는 말이다.

11 (옮긴이) 우리가 사용하는 ML-Agents 0.3.0 버전에서는 이 부분이 def create_visual_encoder(self, h_size, activation, num_layers)로 되어 있다. 코드 파일을 그대로 사용하기 바란다.

12 (옮긴이) 우리가 사용하는 ML-Agents 0.3.0 버전에서는 이 부분이 self.visual_in[-1]로 되어 있는데, 같은 말이다. 코드 파일에 있는 그대로 사용하면 된다.

5. 이 함수는 두 개의 합성곱 계층을 만드는데, 먼저 $8 \times 8$ 핵(kernel)을 사용하고 다음으로 $4 \times 4$ 핵을 사용해서, num_layers 파라미터의 모든 계층에 대해 은닉 계층으로 평평화하는 flatten<sup>평평화</sup> 연산을 수행한다. 이것은 무척 표준적인 구성이지만, 우리는 이것이 훈련에 미친 영향을 보기 위해 이 연산을 할 수 있다. 우리는 더 많은 특징을 식별하기 위해 다른 합성곱 계층을 추가할 예정이다.

6. 다음 코드와 같이 create_visual_encoder 메서드에서 코드를 수정한다.[13]

```
conv1 = tf.layers.conv2d(image_input, 16, kernel_size=[8, 8], strides=[4, 4],
                            activation=tf.nn.elu)
conv2 = tf.layers.conv2d(conv1, 32, kernel_size=[4, 4], strides=[2, 2],
                            activation=tf.nn.elu)
conv3 = tf.layers.conv2d(conv2, 64, kernel_size=[2, 2], strides=[1, 1],
                            activation=tf.nn.elu)
hidden = c_layers.flatten(conv3)
```

7. 여기서 우리는 이전의 계층에서 했던 것과 마찬가지로 입력 개수를 두 배로 늘리고 크기를 반으로 줄이는 또 다른 합성곱 계층을 연쇄적으로 이어지게 한 것뿐이다. 이상적으로는 이와 같은 수정을 통해 훈련에 도움이 되는 더 많은 특징을 추출할 수 있다. 이제 3개 합성곱 계층이 점진적으로 특징 지도를 병합한다.

8. 파일에서 변경한 사항을 저장하라.

9. 다음 명령으로 learn.py를 실행하라.[14]

```
python python/learn.py python/python.exe --run-id=gridconv1 --train
```

10. 이번 장의 끝에 이르면 여러분이 잠을 자는 동안에도 learn.py를 실행할 수 있게 되기를 바란다. 훈련을 지켜보고 이 새로운 계층이 어떻게 훈련 성과를 향상시켰는지에 대한 느낌을 갖도록 노력하라. 그렇게 했는가? 진상을 알아내려면 예제를 사용해 봐야 할 것처럼 보인다.

---

**13** (옮긴이) 강조한 부분만 코드 파일 내용과 다르다. 즉, 강조한 부분만 추가하거나 수정하면 된다.

**14** (옮긴이) 아나콘다 프롬프트에서 (ml-agents) c:\ML-Agents\ml-agents)일 때 이 명령을 내리면 된다. 혹시 프롬프트가 이런 문구가 아니라면 여기에 맞춰 줘야 한다. 잘 모르겠다면 3장부터 다시 살펴보면 된다.

지금 이 예제에서는 CNN 계층의 기초를 다루고 있다. 우리가 실행하는 다른 유니티 예제의 대부분은 상태를 파악하기 위해 눈관측을 사용하지 않는다. 그러나 마지막 장인 *6장, '다시 만들어 보는 테라리엄 – 다중 에이전트 생태계'*에서 CNN을 다시 살펴보겠다. 그때까지는 관심 있는 독자가 구글 CNN(Google CNN)만 할 수 있도록 핵의 크기와 보폭을 설정하는 방법에 대한 온라인 정보가 많이 있다.

다음 단원에서는 경험 재연과 유니티 훈련기가 훈련을 위해 그것을 사용하는 방법을 자세히 살펴볼 것이다.

## 경험 재연

DQN의 첫 번째 사례부터 내부적으로 경험 재연(experience replay, ER)을 사용해 에이전트를 더 효율적으로 훈련시켰다. 경험 재연이란 버퍼를 채우는 〈상태(state), 행동(action), 보상(reward), 다음 상태(next state)〉 꼴로 된 튜플로 에이전트의 경험을 저장하는 게 전부다. 그런 다음 에이전트는 학습 경험을 담은 버퍼를 무작위로 누비거나 무작위로 표본을 추출한다. 이렇게 하면 에이전트를 더 일반화된 상태로 유지할 수 있고 지역화된 패턴을 피할 수 있다는 이점이 있다. 다음은 경험 재연을 추가할 때 학습 흐름이 어떤 모양을 띠는지를 나타낼 수 있게 다시 고친 그림이다.

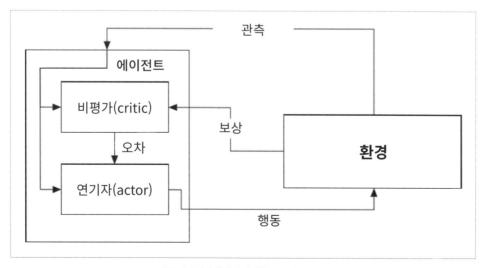

경험 재연이가 추가된 강화학습의 다이어그램

앞의 그림에서는 에이전트가 각 단계에서 무작위로 표본추출(sampling)한 경험을 버퍼 메모리에 저장하는 방법을 볼 수 있다. 버퍼가 가득 차면 오래된 경험은 삭제된다. 이것은 우리의 목표가 최선의 경로, 즉 최적 경로를 찾는 것이므로 매우 직관적인 것처럼 보일 수 있으므로 다음 예제로 넘어가 이 개념을 더 자세히 탐색할 수 있다:

1. ML-Agents 예제 프로젝트의 유니티를 열고 Assets/ML-Agents/Examples/Hallway/Scenes 폴더에서 Hallway 예제 씬을 연다.

2. HallwayBrain 오브젝트의 Brain Type을 인스펙터 창에서 찾아 External로 설정하라.

3. 메뉴에서 File | Build Settings...를 선택하라.[15]

4. Hallway 씬을 제외하고 모든 씬을 선택 취소하거나 제거하라. Add Open Scenes 버튼를 사용해 현재 씬이 목록에 없는 경우 추가할 수 있다.

5. External 훈련을 위해 씬을 빌드하라.[16]

6. 파이썬 셸 또는 아나콘다 프롬프트를 연다.

7. Activate Ml-Agents를 사용해 ml-agents 환경을 활성화하라.

8. ml-agents 소스 폴더로 이동해 다음 명령을 실행하라.

```
python python/learn.py python/python.exe --run-id=hallway1 --train
```

그러면 유니티가 예제를 사용해 구성한 기본 훈련이 실행된다. python 폴더에 있는 trainer_config.yaml 파일의 훈련 파라미터에 액세스할 수 있음을 기억하라.

기본 예제를 실행하면 에이전트의 함수들이 얼마나 빈약한지 알 수 있다. 그 이유는 에이전트의 현재 경험 버퍼가 너무 작기 때문이다. 유니티 환경 창을 선택하면 에이전트가 복도의 한쪽

---

15 (옮긴이) 이렇게 설정한 후에 반드시 씬과 프로젝트를 저장해야 한다는 점을 잊지 말자.

16 (옮긴이) 빌드할 때 뜬 창에서 python 폴더를 지정해야 한다는 점을 기억하기 바란다. 그리고 빌드가 다 되면 유니티 2018 이후 버전인 경우에 빌드 파일 이름이 Unity Environment가 되게 생성되므로, 이 파일 이름을 python으로 바꿔야만 다음에 나오는 명령이 실행된다는 점도 잊지 않기 바란다. 뿐만 아니라 Unity Environment_Data라는 폴더의 이름도 python_Data로 바꿔 줘야 한다. 이름을 바꾸려면 또한 기존에 있던 같은 이름의 파일들을 미리 지워 둬야 한다.

끝에 머물러 있고 목표(보상)에 대한 최적 경로를 거의 찾을 수 없다는 것을 알 수 있다. 경험 버퍼의 크기를 늘리고 본질적으로 에이전트의 단기 메모리를 늘려 이 문제를 완화할 수 있다.

## 경험을 바탕으로 빌드하기

에이전트가 훈련하는 동안 경험 버퍼는 오래된 기억을 재활용하면서 새로운 경험으로 대체한다. 우리가 논의했듯이, 경험 버퍼의 목적은 국소화된 패턴이나 본질적으로 에이전트가 반복하는 상황을 깨기 위한 것이다. 그러나 이것에는 에이전트가 최종 게임이 무엇인지 잊을 수 있다는 단점이 있는데, 이는 직전에 사용한 예제에서 벌어진 일이다. 우리는 다음 예제에서 경험 버퍼의 크기를 증가시킴으로써 이 단점을 간단하게 극복할 수 있다:

1. 비주얼 스튜디오 코드나 그 밖의 원하는 텍스트 에디터를 연다.

2. python 폴더에서 trainer_config.yaml 파일을 찾아서 연다.

3. 다음 코드와 같이 HallwayBrain에 대한 구성을 찾는다.

```
HallwayBrain:
    use_recurrent: true
    sequence_length: 64
    num_layers: 2
    hidden_units: 128
    memory_size: 256
    beta: 1.0e-2
    gamma: 0.99
    num_epoch: 3
    buffer_size: 1024
    batch_size: 128
    max_steps: 5.0e5
    summary_freq: 1000
    time_horizon: 64
```

4. buffer_size 파라미터는 경험 버퍼의 크기를 나타낸다. 우리는 에이전트가 큰 버퍼, 즉 더 큰 상태 조합 또는 경험 조합에서 표본을 추출할 수 있도록 이 값을 늘리고 싶다. 이는 에이전트가 전체 게임 영역을 탐색할 수 없었던 이전에 보았던 문제와 매우 유사하다. 이 경우 에피소드 또는 훈련 세션에서 에이전트가 취할 수 있는 스텝 수를 늘렸다.

**5.** 다음 코드와 같이 buffer_size를 4096으로 늘려 네 배로 만든다.

```
buffer_size: 4096
```

**6.** 다음과 같이 명령하여 파일을 저장하고 훈련기를 다시 실행하지만, 이번에는 --run-id를
hallway2로 변경한다.

```
python python/learn.py python/python.exe --run-id=hallway2 --train
```

**7.** 이렇게 하면 에이전트가 실행되는데 몇 시간 정도 흐르기를 기다렸다가 새 명령 프롬프
트에서 다음 명령을 사용해 텐서보드를 연다.

```
tensorboard --logdir=summaries
```

**8.** 다음 코드와 같이 경험 버퍼 크기가 서로 다를 때의 결과를 비교하라.

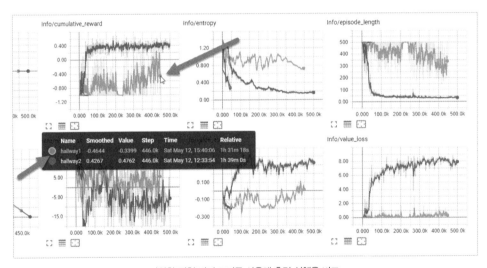

다양한 경험 버퍼 크기를 사용해 훈련 실행을 비교

**9.** 앞의 화면과 같이 마우스를 그래프 위에 올려놓으면 훈련을 비교해 볼 수 있다. 보다시피
훈련의 차이는 놀랍다. 버퍼 크기를 늘림으로써 에이전트는 빠르게 누적 보상에 도달할
수 있었다. 그러나 에이전트는 최대 0.5에 가까운(0.4267 hallway2) 최댓값에 빠르게 도
달하는데, 이는 성능이 좋기는 해도 썩 훌륭하지는 않음을 의미한다. 사실 우리는 과도하
게 수정했을 수 있다.

방금 수행한 것처럼 하나의 파라미터를 조정해 훈련 사례를 비교하면 각 모델이나 파라미터에 미치는 영향을 더 많이 배울 수 있다. 파라미터의 최소/최대 파라미터 값을 선택하고 각 극단에 대해 효과를 확인하는 식으로 연습해 볼 수 있다. 직전 예제에서는 경험 버퍼의 최댓값을 선택했을 가능성이 있지만 확실치 않으면 더 높은 값으로 다른 훈련 세션을 실행할 수 있다. 최소/최대 범위를 찾으면 해당 범위 내의 파라미터를 시도하고 최적화할 수 있다.

최소/최대 연습 기법을 사용하는 경우 한 번에 하나의 파라미터만 변경해야 한다는 점을 기억하라. 다른 파라미터가 변경될 때의 지나친 최적이 아닌, 최적 파라미터를 찾을 수도 있다. 이 일이 처음에는 힘들 수 있으므로 최선을 다해 인내심을 유지하며 연습하고 연습하고 연습하라.

앞서 살펴본 바와 같이 경험 버퍼를 사용하는 데는 한계가 있으며 이상적으로 에이전트의 더 장기적인 기억을 표현하는 더 나은 방법이 필요하다. 우리가 처음 보았던 것보다 Hallway의 예제가 조금 더 진행되는데, 다음 단원에서는 큰 변화를 논의할 것이다.

## 부분 관측성, 메모리, 순환 신경망

Hallway와 GridWorld 예제의 주요 차이점은 상태 또는 관측에 대한 인식이다. 우리는 이미 GridWorld 에이전트가 눈관측을 사용했음을 알고 있지만, Hallway 에이전트가 사용한 상태 입력을 실제로 얻은 적이 없다. 알고 보면, Hallway 에이전트는 다른 방식으로 상태 관측을 수집한다. 차이점을 이해하는 것이 중요하므로, 유니티를 열고 다음 예제를 진행하라:

1. Hallway 예제 씬이 로드되었는지 확인하라. 도움이 필요하면 이전 예제를 다시 살펴보라.

2. 하이어라키 창에서 **Agent** 오브젝트를 찾는다. 창 상단의 검색 창을 사용하면 더 빨리 찾을 수 있다.[17]

3. 인스펙터 창에서 Hallway Agent (Script)라는 컴포넌트를 찾으라.

---

**17** (옮긴이) 찾기 어렵다면 하이어라키 창에서 HallwayArea 오브젝트를 클릭해 펼쳐 보면 바로 그 밑에서 Agent 오브젝트를 볼 수 있다.

4. 컴포넌트 옆에 있는 톱니바퀴 모양 아이콘을 클릭하고 **Edit Script...**를 선택하라. 이전에 지정해 둔 코드 에디터가 열린다.

5. 다음 코드에 나오는 `CollectObservation` 메서드를 스크립트에서 찾으라.

```
public override void CollectObservations()
{
    float rayDistance = 12f;
    float[] rayAngles = { 20f, 60f, 90f, 120f, 160f };
    string[] detectableObjects = { "orangeGoal", "redGoal", "orangeBlock", "redBlock",
                                   "wall" };
    AddVectorObs((float)GetStepCount() / (float)agentParameters.maxStep);
    AddVectorObs(rayPer.Perceive(rayDistance, rayAngles, detectableObjects, 0f, 0f));
}
```

6. 이전에 우리는 `CollectObservations`의 자체 버전을 이미 작성해 본 적이 있으므로 이 코드 중 일부에 약간 익숙해져 있기를 바란다. `AddVectorObs`에 대한 호출은 에이전트의 브레인에 상태를 추가하는 것임을 기억하라. 첫 번째 호출은 수행 중인 계산을 에이전트가 진행한 비율을 나타내는 단일 float을 설정한다. `AddVectorObs`에 대한 다음 호출은 행동이 발생하는 곳이며 자세히 살펴볼 필요가 있다.

7. `rayPer.Percieve`라고 적혀 있는 텍스트 위에 마우스를 올려놓으면 "**Creates perception vector to be used as part of an observation of an agent**"[18]라는 메모를 볼 수 있다. 이 호출은 에이전트로부터의 광선 투영을 기반으로 한 상태 관측을 빌드한다. 다음은 무슨 일이 일어나고 있는지 보여주기 위해 간단히 시각화한 것이다:

---

**18** (옮긴이) 즉, "에이전트 관찰의 일부로 사용할 인식 벡터를 생성한다"는 뜻이다.

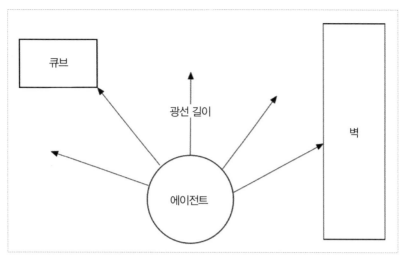

상태를 관측하기 위해 광선을 투사하는 에이전트

8. 여기서 일어나고 있는 일은 유니티가 물리적인 광선투사(raycasting) 시스템을 사용해 특정 물체를 탐지한다는 것이다. 그것은 탐지하고자 하는 오브젝트의 각 유형에 대해 모든 각도에서 광선을 투사한다. 우리는 오브젝트가 탐지되면 얼마나 멀리 있는지에 대한 정보를 제공받기를 원한다. 우리는 또한 물체가 감지되지 않는 때를 알고 싶다. rayPer. Percieve에 대한 코드를 보면 각도 X(오브젝트 유형 수 + 2) 크기인 배열이 생성된다는 것을 알 수 있다. 여분의 +2는 부호화(encoding) 거리 및 결측(misses)을 설명한다. 이 예에서는 5(각도) × (5 오브젝트 유형 + 2) = 35개 셀로 된 배열을 만든다. 이전 호출을 AddVectorObs에 추가하면 에이전트가 36개 부동 소수점 수(float)를 사용하는 것을 볼 수 있다.

유니티로 돌아가 **HallwayBrain**의 **Vector Observation** 크기가 연속으로 된 36개 크기에 맞춰 사용하도록 설정되었는지 확인할 수 있다.[19] 이 예제에 오브젝트 유형을 추가하려면 이 파라미터를 다시 계산해야 한다. 물론, 아직도 살펴봐야 할 주제가 아직 많이 남아 있다. 아직 그런 주제들을 알아차리지 못했는가? 아마도 다음 단원이 도움이 될 것이다.

---

19 (옮긴이) 즉, HallwayBrain 오브젝트의 Brain(Script) 컴포넌트에 있는 Vector Obaservation 항목들 중 Space Type 속성이 Continuous(연속)이고, Space Size 속성이 36이라는 말이다.

## 부분 관측성

언급하고자 하는 첫 번째 사항 중 하나는 명확하지 않을 수 있다. 우리 에이전트가 다른 모든 사례에서처럼 환경에 대한 완전한 지식에 더 이상 의존하지 않는다는 점 말이다. 예를 들어, GridWorld에서 에이전트는 카메라로 전체 플레이 영역을 보고 상태를 관측한 대로 획득한 이미지를 사용했다. 그러므로 에이전트가 게임 세계 속의 전체 플레이 영역을 이해해야 한다고 가정하는 것이 현실적인가? 가능성은 낮다. 그리고 이런 일은 우리의 최우선 참고 대상인 자연에서는 벌어지지 않는 일임이 확실하다. 자연 속에서 동물은 분명히 세상에 관한 모든 것을 알지 못한다. 동물은 시야, 소리, 촉각 등의 감각에 의해 지시된 환경에 대해 부분적인 관점으로만 상호 작용한다. 이를 통해 동물은 상황과 환경에 대한 행동을 더 잘 일반화할 수 있다. 이것은 확실히 우리 에이전트가 해야 할 일처럼 들린다.

다행히도 PPO 훈련기는 에이전트가 자신의 세계를 부분적으로만 볼 수 있는 경우에 부분 관측성 문제를 강력하게 지원한다. 그러나 이것을 더 잘 이해하기 위해 Hallway 예제를 다시 살펴보고 에이전트가 세계의 부분적인 시야만을 사용해 학습할 수 있게 하는 특징을 끄자. 비주얼 스튜디오 코드를 열고 다음 단계를 수행하라.

1. trainer_config.yaml을 열고 다음 화면에 강조 표시된 값을 편집하라:

```
HallwayBrain:
    use_recurrent: false
    sequence_length: 64
    num_layers: 2
    hidden_units: 128
    memory_size: 256
    beta: 1.0e-2
    gamma: 0.99
    num_epoch: 3
    buffer_size: 4096
    batch_size: 128
    max_steps: 5.0e5
    summary_freq: 1000
    time_horizon: 64
```

2. 원한다면 이전 경험 버퍼 예제에서 테스트한 최적의 buffer_size 값을 사용하라.

3. 여러분의 파이썬 환경을 **ml-agents** 환경이 활성화된 상태에서 python 폴더를 향해 연다.

4. 훈련기를 다음과 같이 실행하라.

```
python python/learn.py python/python.exe --run-id=hallway3 -- train
```

5. 콘솔에 표시되는 훈련 결과를 신중하게 지켜보라. 에이전트가 잠시 동안은 학습을 잘하는 것처럼 보이지만, 곧 다 잊어버리는 것 같다. 이 원인 중 일부는 경험 버퍼와 관련이 있지만 나머지는 우리 에이전트가 학습한 것을 잊어버리기 때문이다.

 간단히 말해서 우리는 지금 다루고 있는 문제를 마르코프 결정 과정에서 부분 관측 마르코프 결정 과정(partially observed Markov decision process, POMDP)으로 바꾼 셈이다.

비교를 위해 전체 훈련 세션을 실행하고 텐서보드로 결과를 모니터링하라. 우리는 use_recurrent 옵션을 해제해 본질적으로 에이전트의 순환 신경망 계층 사용을 비활성화했다. 이러한 순환 계층은 다음 단원에서 다룰 확장 메모리의 또 다른 형태로 작동한다.

## 기억과 순환 신경망

모든 것을 볼 수 있는 에이전트의 능력 즉 에이전트의 전지적 능력을 빼앗았으므로 우리 에이전트는 더 일반화되어 장기간 학습할 수 있어야 한다. 우리는 장단기 기억 세포들(long-short-term-memory cells, 즉 LSTM 계층들)[20]로 구성된 반복 계층이나 블록을 추가하여 이를 수행한다.

이 계층들(즉, 세포[21]들)은 에이전트에 임시 메모리를 제공하는데 다음 그림에 나오는 바와 같이 동작한다:

---

**20** (옮긴이) 신경망 모델 아키텍처 중 하나인 LSTM 아키텍처의 이름에서 심리학(또는 뇌과학) 용어인 장단기 기억(long short term memory)을 찾을 수 있다.

**21** (옮긴이) 이 세포(cell)를 사람들이 그냥 셀이라고 부르는데, 저자의 의도나 LSTM 아키텍처의 구조에 착안하면 이는 우리 두뇌 속의 장기/단기 기억 세포를 비유하는 말임을 알 수 있다. 그러므로 일부러 세포라는 말로 번역했다.

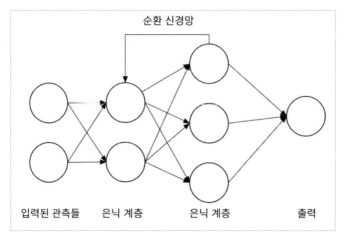

순환 신경망

순환 신경망(recurrent network)[22]은 근본적으로 신경망을 통해 좋거나 나쁜 경험을 강화하는, 신경망의 두 은닉 계층 간의 다리 역할을 한다. 다음 예제를 통해 코드가 어떻게 작동하는지를 살펴볼 수 있다:

1. 비주얼 스튜디오 코드를 연다.

2. python/unitytrainers 폴더에서 models.py 파일을 찾으라. 파일의 클래스가 PPOModel이 아닌 LearningModel인지 확인하라.

3. 다음 코드와 같이 create_recurrent_encoder 메서드로 스크롤한다.

```
def create_recurrent_encoder(self, input_state, memory_in, name='lstm'):
    """
    상태 또는 관측들(LSTM)을 위해 순환 인코더(recurrent encoder)를 구축한다.
    :param input_state: LSTM 셀에 대한 입력 텐서이다.
    :param memory_in: LSTM 셀에 대한 입력 메모리이다.
    :param name: LSTM 셀의 범위.
    """
    s_size = input_state.get_shape().as_list()[1]
```

---

**22** (옮긴이) '재귀 망(즉, 재귀 신경망)'이라고도 부르지만 순환 신경망이나 재귀 신경망은 둘 다 정확한 개념을 나타내는 호칭이 아니다. '재발성 망(즉, 재발성 신경망)' 또는 '재발 망(즉, 재발 신경망)'이 개념을 가장 잘 나타내는 말이다. 다만 이미 대중화된 용어인 점을 감안해 순환 신경망으로 번역했다.

```
m_size = memory_in.get_shape().as_list()[1]
lstm_input_state = tf.reshape(input_state, shape=[-1, self.sequence_length, s_size])
_half_point = int(m_size / 2)
with tf.variable_scope(name):
    rnn_cell = tf.contrib.rnn.BasicLSTMCell(_half_point)
    lstm_vector_in = tf.contrib.rnn.LSTMStateTuple(memory_in[:, :_half_point],
                                                   memory_in[:, _half_point:])
    recurrent_state, lstm_state_out = tf.nn.dynamic_rnn(rnn_cell, lstm_input_state,
            initial_state=lstm_vector_in, time_major=False, dtype=tf.float32)
    recurrent_state = tf.reshape(recurrent_state, shape=[-1, _half_point])
    return recurrent_state, tf.concat([lstm_state_out.c, lstm_state_out.h], axis=1)
```

4. 그런데 이 코드는 이 책에서 탐구하고자 하는 수준을 약간 넘어서는 것이기는 하지만 한 번 살펴보면 코드가 어떻게 작동하는지를 알 수 있을 것이다. 여기에서 볼 수 있는 것은 코드가 LSTM 셀을 사용해 기억을 저장한 다음에 다시 신경망으로 공급하는(feed) 것이다. 임의로 표본추출된 경험 버퍼 메모리와 달리 사건들을 정돈된 상태(ordered state)로 유지한다. 여러분은 종종 이것을 임시 기억이라고 부르는 소리를 들을 수 있다. 임시 기억은 우리 에이전트가 더 공간적으로 인식할 수 있게 해 주며, 이는 대부분의 게임 및 시뮬레이션에서 매우 좋은 방법이다.

5. trainer_config.yaml 파일을 다시 열고 다음 코드와 같이 파라미터를 수정하라.

```
HallwayBrain:
    use_recurrent: true
    sequence_length: 128
    num_layers: 2
    hidden_units: 128
    memory_size: 1024
    beta: 1.0e-2
    gamma: 0.99
    num_epoch: 3
    buffer_size: 4096
    batch_size: 128
    max_steps: 5.0e5
    summary_freq: 1000
    time_horizon: 128
```

6. 이 구성 단원에서 우리는 순환 신경망으로 돌아가서 메모리 크기를 늘리고 있다. 이전에 나온 에이전트 훈련 세션은 여전히 1.0 보상이 부족하다는 점을 기억하라. 따라서 우리는 이 기회를 이용해 에이전트의 임시 메모리를 늘린다. use_recurrent를 true로, sequence_length를 128로, memory_size를 1024로, buffer_size를 4096으로, time_horizon을 128로 설정했다. 이렇게 하면 메모리 크기가 1024이고 시퀀스 길이가 128인 순환 신경망이 설정된다. 시퀀스 길이는 에이전트가 기억하는 스텝 수를 설정한다. 경험 버퍼 크기를 4096으로, 표본추출된 스텝 수를 128로 업데이트하면 된다.

7. 유니티로 Hallway 예제 씬을 연다. 이제는 꿈속에서도 이렇게 할 수 있어야 한다.

8. 하이어라키 창에서 HallwayBrain 오브젝트를 클릭함으로써 인스펙터 창에서 볼 수 있게 한다.

9. 다음 화면과 같이 Vector Observations의 Stacked Vectors 슬라이더를 설정하라.

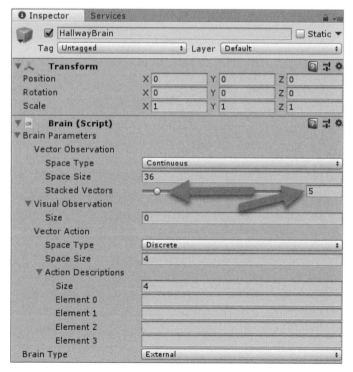

벡터 관측 스택 크기 설정

**10.** 이것은 에이전트가 기억하기를 원하는 임시 스텝(step) 수를 설정한다. 또한 이를 위해 `memory_size` 파라미터를 조정해야 한다. 우리는 이미 이전에 이 작업을 수행했다.

**11.** 훈련 환경을 구축하고 출력을 python 폴더에 저장하라.[23]

**12.** 파이썬 또는 아나콘다 프롬프트가 아직 열리지 않은 경우라면 연다. ml-agents 폴더로 이동하여 ml-agent를 활성화하라.

**13.** 훈련기를 다음과 같이 실행하라:

```
python python/learn.py python/python.exe --run-id=hallway4 --train
```

**14.** 콘솔에 출력되는 내용을 면밀히 지켜보라. 처음에는 에이전트가 그저 왔다 갔다 하는 것처럼 보일 수 있는데 이는 처음에 실행해 보았던 경우보다 좋지 않다. 그러나 어떤 시점부터는 에이전트가 보상을 몇 번 달성하고 나서 기억한 내용을 사용해 신속하게 패턴을 학습한다. 그런 다음 에이전트는 약 5만 회차 훈련에 이르러서는 이전 훈련 과정을 곧 압도한다.[24]

주저하지 말고 되돌아가서 이 예제를 더욱 최적화하라. 순환 신경망과 LSTM에 대한 자세한 정보는 온라인에 늘 차고 넘친다. 이 주제는 고등한 주제이므로 이 책에서 다루는 것보다 신경망에 대한 자세한 내부 정보를 이해해야 한다.

마지막 예제에서 순환 신경망을 가장 잘 사용하는 방법을 이해함으로써 우리는 부분 관측성의 힘을 보았고 우리의 에이전트에게 임시 메모리를 제공했다. 마지막 예제를 연습한 후에도 여전히 에이전트가 고생하고 있음을 알 수 있다. 임시 벡터 상태 수와 메모리 양을 늘려 에이전트를 더 최적화할 수 있는지 확인하라.

다음 단원에서는 DQN보다 PPO가 사용하는 또 다른 주요 개선점인 연기자-비평가 훈련(actor-critic training)이라는 기술을 살펴보겠다.

---

**23** (옮긴이) 즉, 씬을 저장하고 빌드하되, 빌드할 폴더를 c:/ML-Agetns/ml-agents/python으로 지정하라는 말이다. 빌드한 후에 훈련 환경 파일 이름을 Unity Environment에서 python으로 바꿔 줘야 한다는 점을 잊지 말기 바란다. Unity Environment_Data라는 폴더의 이름도 python_Data로 바꿔 줘야 한다.

**24** (옮긴이) 여기까지 확인하려면 상당한 시간이 걸린다. 시간을 아끼려면 성능 좋은 컴퓨터가 필요할 수도 있다.

## 비동기 연기자-비평가 훈련

지금까지 우리는 PPO의 내부 훈련 구조가 처음에 신경망과 DQN을 살펴보면서 우리가 배운 점을 반영한다고 가정했다. 그러나 실제로는 그렇지 않다. 단일 신경망을 사용해 $Q$ 값 또는 특정 양식의 정책을 유도하는 대신 PPO 알고리즘은 연기자-비평가(actor-critic, A3C)라는 기법을 사용한다. 이 방법은 근본적으로 값과 정책을 계산한 것의 조합이다. 연기자-비평가, 즉 A3C에서는 두 개의 신경망을 훈련한다.[25] 하나의 신경망은 $Q$ 값을 추정하는 역할, 즉 비평가 역할을 하며, 다른 하나는 에이전트나 연기자의 정책 또는 행동을 결정한다.

우리는 다음 방정식에서 이 값들을 비교해 우위를 결정한다.

$$우위 : A = Q[s, a] - V(s)$$

그러나 신경망은 더 이상 Q 값을 계산하지 않으므로 우리는 이를 보상 추정으로 대체한다.

$$우위 : A = R - V(s)$$

이제 우리 환경은 다음 화면과 같다.

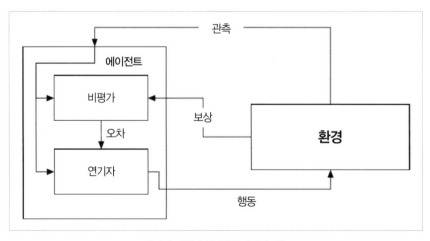

연기자-비평가 신경망의 다이어그램

---

**25** (옮긴이) 원저자는 단순한 연기자-비평가 알고리즘과 A3C를 같은 것으로 보지만, A3C가 더 발전한 형태이다. 참고로 A3C는 '비동기 우위 연기자-비평가 (asynchronous advantage actor-critic)'의 두문자이다. 이것을 '비동기적 어드밴티지 액터-크리틱'이라고 부르기도 하지만, 우리말이 개념을 잘 나타낸다. 기존 심층 Q 신경망(DQN) 알고리즘보다 한 단계 더 발전한 알고리즘으로 알려져 있다.

비평가와 연기자 사이에 주고받는 오차 항은 다음 방정식에서 유래한다:

$$\textit{가치 손실} : L = \Sigma(R-V(s))^2 \textit{(합산 제곱 오차)}$$

$$\textit{정책 손실} : L = -log(\pi(a|s)-A(s))$$

오차를 최소화하려는 게 우리의 의도인데, 이럴 때 더 나은 항/방정식은 엔트로피[26] 계산이다:

$$H(\pi) = -\Sigma(P(x)log(P(x))$$

엔트로피($H(\pi)$)로는 확률의 확산을 측정하는데, 높은 엔트로피는 유사한 행동을 여러 개 하는 에이전트를 나타내므로, 엔트로피가 높으면 에이전트가 결정을 내리가 어렵다. 엔트로피의 값이 작을수록 더 좋은 정보를 바탕으로 결정을 내리는 에이전트에 가까워진다. 이 엔트로피는 손실 함수를 다음과 같이 갱신한다.

$$\textit{정책 손실} : L = -log(\pi(a|s) * A(s)-\beta * H(\pi))$$

마지막으로, 두 가지 손실 함수인 가치 및 정책을 결합하면 다음과 같이 손실에 대한 최종 방정식을 얻는다.

$$L = 0.5 * \Sigma(R-V(s))^2 -log(\pi(a|s) * A(s)-\beta * H(\pi))$$

이 손실 함수는 우리 신경망(에이전트)이 최소화하려고 시도하는 함수이다. 이것이 처음에 PPO를 사용한 이후로 사용해 온 훈련 형태이지만, 우리는 또 하나의 중요한 개선점을 생략했다. 연기자-비평가 훈련은 각기 자신의 환경에서 작동하는 여러 비동기 에이전트에서 작동하도록 유도되었다. 우리는 다음 단원에서 비동기식 훈련을 탐구할 것이다.

---

**26** (옮긴이) 엔트로피(entropy)는 물리학(그 중에서도 열역학에서 나온 개념)에서는 에너지가 흩어진 정도를 의미하지만, IT 분야에서는 클로드 섀넌이 엔트로피를 정보량 계산에도 적용할 수 있음에 착안해 정의한 '정보 엔트로피'를 나타내는 용어로서 '정보의 불확실성' 또는 '정보량이 필수적인 것에 비교해서 상대적으로 많음'을 나타낸다. 어떤 정보의 엔트로피가 작을수록 해당 정보는 더 확실하다고 할 수 있다.

## 다중 비동기 에이전트 훈련

방금 검토한 A3C 알고리즘은 구글 딥마인드(Google DeepMind)에서 여러 비동기 에이전트를 동시에 전역 감독 신경망(global overseer network)으로 훈련시키는 방법으로 개발되었다. Hallway 예제는 이미 여러 개의 비동기식 훈련용으로 설정되어 있으며 비교적 신속하게 작동시킬 수 있다. 유니티를 열고 다음 예제를 통해 여러 에이전트 훈련을 수행할 수 있다.

**1.** Hallway 예제 씬을 연다.

**2.** 다음 화면과 같이 Hallway(1) 부터 Hallway(15) 오브젝트까지를 찾아 선택한다:

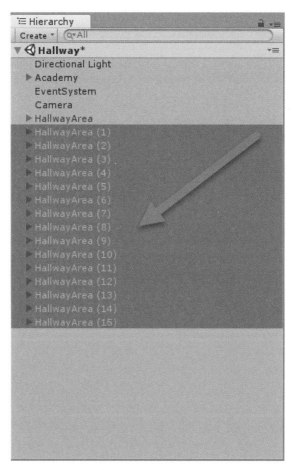

비활성 Hallway 오브젝트 선택

3. 인스펙터 창에서 **Enable** 상자[27]를 선택해 이 모든 오브젝트를 활성화하라. 모든 오브젝트가 활성 상태가 되면 색이 바뀐다. 우리는 방금 **Hallway** 환경을 둘러 싼 15개의 다른 훈련 환경을 추가했다.

4. 카메라를 확대하면 다음 화면과 같이 16개 **Hallway** 환경이 표시된다.

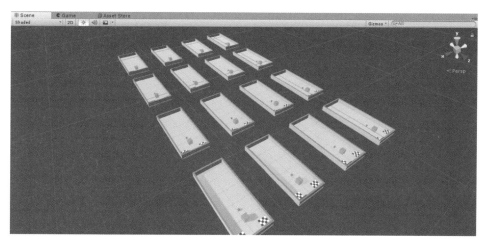

모든 Hallway 환경과 에이전트 켜기

5. 빌드 설정을 열고 환경을 구축하라.[28] 우리는 여전히 모든 환경을 실행하는 단일 유니티 플레이어를 구축할 것이다.

6. 다음 코드와 같이 trainer_config.yaml 파일에서 HallwayBrain에 대한 구성 파라미터를 설정하라:[29]

```
HallwayBrain:
    use_recurrent: true
    sequence_length: 256
    num_layers: 2
    hidden_units: 128
```

---

27  (옮긴이) Inspector라는 창 이름 바로 아래에 있는 사각형. 이 사각형을 클릭하면 선택한 오브젝트들이 활성화된다.

28  (옮긴이) 늘 하던 대로 python 폴더 안에 환경 파일을 빌드해 두라는 말이다. 환경 파일 이름이 Unity Environment라는 점과 python으로 바꿔야 한다는 점도 잊지 말자.

29  (옮긴이) 이전 설정 내역과 달라진 부분만 굵게 표시했다.

```
memory_size: 4096
beta: 1.0e-2
gamma: 0.99
num_epoch: 3
buffer_size: 4096
batch_size: 128
max_steps: 5.0e5
summary_freq: 500
time_horizon: 64
```

7. 파이썬, 즉 아나콘다 프롬프트를 연다. ml-agents를 활성화하고 ml-agents 폴더로 이동하라.

8. 훈련기를 다음과 같이 실행하라:

```
python python/learn.py python/python.exe --run-id=hallwayA3C --train
```

9. 훈련기가 실행되는 동안 1개 환경만 화면에 표시되지만 실제로는 16개 환경과 에이전트가 실행 중이다.

메모리와 에이전트를 추가하면 처음에는 많은 차이를 느낄 수는 없지만, 훈련은 훨씬 느려진다. 그 이유는 에이전트의 메모리가 여러 가지 일관된 좋은 기억들을 해결해야 하기 때문이다. 에이전트가 이 작업을 일관되게 수행할 수 있게 되면 훈련 과정이 향상된다. 다음 텐서보드 출력을 살펴보고 엔트로피의 수렴에 주목하라:

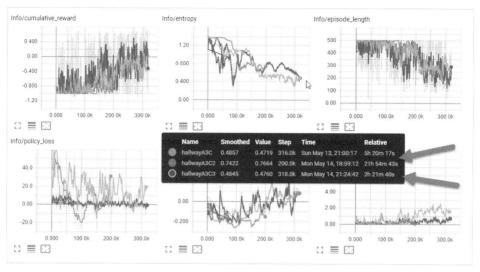

에이전트가 더 나은 의사결정을 더 빨리 내릴 수 있음을 보여주는 엔트로피의 수렴

이 그래프에서 유의해야 할 점은 훈련이 잘 진행되고 있음을 나타내는 명확한 지표가 엔트로피 그래프라는 점이다. 방정식에서 엔트로피를 최소화하는 방법이 무엇인지, 그리고 더 값이 작을 수록 에이전트가 더 나은 결정을 내리고 있다는 것을 의미한다는 점을 기억하라. Hallway 예제에 대한 더 훌륭하고 우아한 구성은 다음 코드와 같다:

```
HallwayBrain:
    use_recurrent: true
    sequence_length: 32
    num_layers: 1
    hidden_units: 128
    memory_size: 512
    beta: 1.0e-2 gamma: 0.99
    num_epoch: 3
    buffer_size: 1024
    batch_size: 128
    max_steps: 5.0e5
    summary_freq: 500
    time_horizon: 64
```

이 구성은 우리가 이전에 실행했던 것보다 훨씬 더 깔끔하다. 계층 수, 메모리 양, 시퀀스, 버퍼 및 시간 범위 파라미터를 줄였다. 항상 그렇듯이 마지막 예제로 돌아가서 예제를 가지고 놀면서 다른 훈련 세션의 파라미터를 더 자세히 살펴보라. 또는 다음 단원에 나오는 예제를 검토하고 수행해 더 많은 경험을 얻을 수 있다.

## 연습문제

강화학습 및 PPO 훈련기에 대한 이해를 높이려면 다음 연습문제를 사용하라.

1. 유니티 예제 중 하나를 눈관측만 사용하도록 변환하라. GridWorld 예제를 지침으로 사용하고 에이전트에 자체 카메라가 필요할 수 있음을 기억하라.

2. 세 가지 방법으로 눈관측을 사용해 에이전트의 CNN 구성을 변경한다. 더 많은 계층을 추가 또는 제거하거나 커널 필터를 변경할 수 있다. 훈련 세션을 실행하고 텐서보드와의 차이점을 비교하라.

3. GridWorld 예를 변환해 메모리가 있는 벡터 관측 및 순환 신경망을 사용한다. 힌트: Hallway 예제에서 여러 코드를 빌릴 수 있다.

4. Ball3D 예제를 다시 살펴 여러 비동기 에이전트 훈련을 사용하도록 설정하라.

5. 크롤러 예제를 설정하고 여러 비동기 에이전트 훈련을 사용해 실행하라.

이 연습문제들을 실행하는 데 문제가 발생하면 온라인에서 확인하라. 이 예제들이 잘 구성되면 그 밖의 많은 사람들이 이리저리 고쳐보거나 더욱 발전시킬 수 있다.

# 요약

이번 장에서는 유니티 PPO 훈련기를 자세히 살펴보았다. 원래 오픈에이아이(OpenAI)에서 개발된 이 훈련 모델이 현재는 수준 높은 모델이며 좀 더 복잡한 훈련 시나리오를 만들기 시작한 우리의 관심 대상이었다. 우리는 먼저 GridWorld 예제를 다시 검토해 훈련이 잘못되었을 때 어떤 일이 발생하는지 이해했다. 여기에서 우리는 훈련이 기대 이하로 수행되는 상황의 몇 가지 예를 살펴보고 그중 일부 문제를 해결하는 방법을 배웠다. 그런 다음 에이전트가 눈관측을 모델에 입력으로 사용해 데이터가 먼저 처리되는 방식을 제공하는 방법을 배웠다. 눈관측을 사용하는 에이전트는 CNN 계층을 사용해 이미지의 함수를 처리하고 추출해야 한다고 배웠다. 그 후에 우리는 모델을 더욱 일반화하기 위해 경험 재연을 사용할 때의 가치를 살펴보았다. 이 것은 경험과 기억이 에이전트의 훈련에 가치가 있다는 점을 가르쳐주었다. 그래서 우리는 순환 신경망이라고 불리는 더 진보된 형태의 메모리를 보았다. 반복적인 LSTM 셀 블록을 사용한 에이전트는 더 이상 전체 게임 영역을 관측할 필요가 없었다. 대신 에이전트들은 상태 및 인식을 관리하기 위해 부분 관측성이라는 기술을 사용할 수 있다. 끝으로 비동기 우위 연기자—비평가(A3C)라는 고급 기술을 살펴보고 이번 장을 마무리했다. 이 훈련 형식은 내부 비평가와 연기자를 사용해 여러 비동기 에이전트에서 오류 최소화를 관리한다.

다음 장에서는 다양한 구성에서 여러 에이전트를 사용하는 훈련 기법을 소개한다. 여기서 에이전트가 서로 대치하거나 서로 협력해 학습 문제를 해결할 것이다.

# 05

# 게임하기

우리는 이미 몇 가지 매우 정교한 예제를 다루었으며 상당히 지능적인 에이전트를 만들었다. 우리가 강화학습, 특히 PPO와 함께 사용하는 방법은 최첨단 기술이지만, 배우는 중에 알게 되었듯이 여전히 한계가 있다. 머신러닝 연구자들은 신경망 아키텍처 및 훈련 설정과 같은 여러 영역에서 한계를 계속 극복하려고 한다. 4장에서는 여러 환경에서 여러 에이전트를 훈련하는 한 가지 스타일을 살펴보았다. 이번 장에서는 적대적이고 협동적인 자체 플레이에서 모방 학습 및 커리큘럼 학습에 이르기까지, 환경에서 여러 에이전트 및/또는 브레인과 함께 사용할 수 있는 다양하고 새로운 훈련 전략을 살펴본다. 이러는 중에 나머지 유니티 예제의 대부분을 다루며, 다음은 우리가 다루는 주요 주제를 요약이다:

- 다중 에이전트 환경
- 적대적 자체 플레이
- 의사결정 및 주문형 의사결정
- 모방 학습
- JSON을 이용한 커리큘럼 학습 방식 연습

우리는 4장에서 다소 벗어난 주제에서 계속 진행할 텐데, 이는 여러분이 이제는 훈련기 설치와 운영에 능숙해야 한다는 점을 의미한다. 외부 브레인을 사용하는 훈련 세션을 아직 실행한 적이 없다면 *4장, '더 깊은 딥러닝 속으로'*를 확인하라.

## 다중 에이전트 환경

에이전트끼리 서로 경쟁하는 일이 재미난 실험에서 비롯되었을 가능성이 높지만, 이 방식을 사용하면 실제적으로 훈련을 강화할 수 있다. 음, 멋지다. 여러 에이전트가 작업할 때 우리가 설정할 수 있는 몇 가지 구성이 있다. 우리가 살펴볼 BananaCollector 예제는 여러 경쟁 에이전트들이 단일 브레인을 공유하며 사용한다. 유니티를 열고 다음 예제를 따라 씬을 설정하라:

1. Assets/ML-Agents/Examples/BananaCollectors/ 폴더에 있는 BananaRL 씬 파일을 로드하라.

2. Player 상에 Brain을 남겨두라. 이것을 변경했다면 원상복구하라.

3. 유니티에서 씬을 실행하라. WASD 키를 사용해[1] 씬 주위로 에이전트 큐브를 옮기고 바나나를 수집한다. 동일하게 응답하는 여러 큐브가 있게 되는 방법에 주목하라. 이는 각 에이전트가 동일한 브레인을 사용하기 때문이다.

4. 다음 화면과 같이 하이어라키 창에서 RLArea 오브젝트를 확장한다.

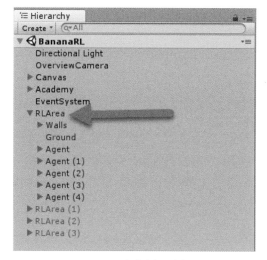

RLArea 및 에이전트 검사

---

1   (옮긴이) W 키와 S 키만 작동할 수 있다.

5. RLArea 아래에 Agent 오브젝트가 다섯 개 있음을 알 수 있다. 이것들은 단일 브레인에 대해 훈련할 에이전트다. 첫 번째 예제를 실행한 후에는 더 많은 에이전트를 복제해 이것이 훈련에 미치는 영향을 테스트한다.

6. Brain[2]을 External로 전환하라. 프로젝트가 외부 브레인을 사용하도록 설정되었는지 확인하라(필요하다면 *3장, '파이썬을 이용한 심층강화학습'*을 다시 살펴보라). 이 프로젝트로 외부 브레인을 실행한 경우 추가 설정이 필요하지 않다.

> 이 예제에는 A3C로 학습할 수 있는 여러 가지 환경이 있지만, 지금은 단일 환경만 사용한다. 자유롭게 돌아가서 여러 환경이 활성화된 이 예제를 시도하라.

7. 메뉴에서 File | Build Settings...를 선택한다. 다른 활성 씬의 선택을 해제하고 BananaRL 씬만 활성 상태인 씬인지 확인하라. Add Open Scene 버튼을 사용해야 할 수도 있다.

8. python 폴더에 환경을 빌드하라.[3]

9. 파이썬 또는 아나콘다 프롬프트를 연다. ml-agents를 활성화하고 ml-agents 폴더로 이동하라.

10. 다음 코드를 사용해 훈련기를 실행하라.

```
python python/learn.py python/python.exe --run-id=banana1 --train
```

11. 예제 실행을 지켜보라. 이 예제에서 유니티 환경 창은 활동을 거의 다 볼 수 있을 만큼 충분히 크다. 이 게임의 목적은 에이전트들이 파란색 바나나를 피하면서 노란색 바나나를 수집하게 하는 데 있다. 흥미롭게 할 수 있도록, 에이전트들은 레이저를 쏘아 상대 에이전트를 얼릴 수 있다. 이 예제는 다음 화면에 나와 있다.

---

2 (옮긴이) 하이어라키 창의 Academy 오브젝트를 확장하면 그 밑에 BananaBrain 오브젝트가 있다. 이 오브젝트를 선택하면 인스펙터 창에서 BrainType이라는 속성을 볼 수 있다. 이 속성을 External로 바꾸면 된다.

3 (옮긴이) 사용하는 컴퓨터의 성능에 따라서는 이 환경을 빌드하는 데 상당한 시간이 걸릴 수 있다.

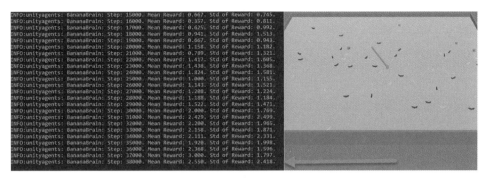

다중 에이전트 예제 실행 중인 바나나 수집기

이 예제에서 보상에 대한 평균 및 표준 편차가 빠르게 누적된다는 점을 알 수 있다. 이것은 하나의 보상 값에 관해 몇 가지 변경된 사항으로 인한 결과지만, 이 특별한 예는 다중 에이전트 훈련에 적합하다. 게임이나 시뮬레이션에 따라서는 단일 브레인으로 된 다중 에이전트를 사용하면 훈련하기 좋은 방법이 될 수 있다.

다시 돌아가서 다중 환경과 다중 A3C 에이전트를 사용해 여러 환경에서 여러 에이전트를 훈련하라. 다음 단원에서는 다중 에이전트와 다중 브레인을 사용해 적대 플레이와 협동 플레이가 혼합된 또 다른 예를 살펴보겠다.

## 적대적 자체 플레이

마지막으로 살펴본 예제는 에이전트가 바나나를 수집하거나 다른 에이전트를 꼼짝 못 하게 하기 위해 경쟁해 학습하는 경쟁적 다중 에이전트 훈련 시나리오로 가장 잘 정의되었다. 이번 단원에서는 적대적 자체 플레이(adversarial self-play)라고 하는 역보상 체계(inverse reward scheme)를 사용해 에이전트 대 에이전트를 대상으로 하는 유사한 유형의 훈련을 살펴보겠다. 역보상은 경쟁 에이전트가 보상을 받으면 상대 에이전트는 처벌받게 하는 데 사용된다. 이 예제를 통해 유니티 ML-Agents Soccer 예제에서 어떻게 보이는지 보자.

1. `Assets/ML-Agents/Examples/Soccer/Scenes` 폴더에 있는 **SoccerTwos** 씬으로 유니티를 연다.

2. 씬을 실행하고 **WASD** 키를 사용해 네 개의 모든 에이전트를 플레이한다. 다 즐겼다면 씬을 멈추라.

3. 하이어라키 창에서 **Academy** 오브젝트를 확장하라.

4. **StrikerBrain** 브레인을 선택하고 **External**로 전환하라.

5. **GoalieBrain**을 선택하고 **External**로 전환하라.

6. 메뉴에서 **File | Build Settings...**를 선택하라.[4] **Add Open Scene** 버튼을 클릭하고 **SoccerTwos** 씬만 활성화되도록 다른 씬을 비활성화하라.

7. `python` 폴더에 환경을 구축하라.

8. 파이썬 또는 아나콘다 프롬프트를 시작하고 `ml-agents`를 활성화하라. 그런 다음 `ml-agents` 폴더로 이동하라.

9. 다음 명령으로 훈련기를 시작하라:

```
python python/learn.py python/python.exe --run-id=soccor1 --train
```

10. 훈련 세션을 지켜보는 게 아주 재미있기 때문에 유니티 환경 창과 콘솔[5]을 주시해 훈련 진행 상황을 파악하라. 다음 화면과 같이 브레인에서 역보상을 사용하는 방법에 유의하라.

---

4   (옮긴이) 여러 차례 강조하지만, 빌드하기 전에 반드시 씬을 저장해야 한다.

5   (옮긴이) 즉, 아나콘다 프롬프트 창.

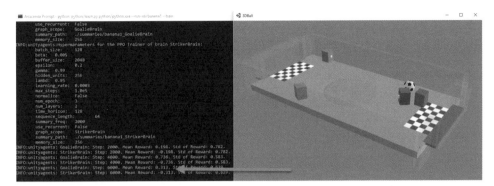

축구 에이전트들의 훈련 진행 상황 지켜보기

StrikerBrain은 현재 부정적인 보상을 받고 있으며 GoalieBrain은 긍정적인 보상을 얻고 있다. 역보상을 사용하면 두 개의 브레인이 서로 경쟁할지라도 브레인이 공통의 목표를 달성할 수 있다. 다음 예제에서는 유니티에서 훈련해 둔 브레인을 내부 브레인으로 사용하는 방법을 살펴볼 것이다.

## 내부 브레인 사용

여러 시나리오별로 에이전트를 훈련하는 일이 재미날 수 있지만, 이런 일에 관해 말하자면, 우리는 궁극적으로 게임 또는 적절한 시뮬레이션에서 이러한 에이전트들을 사용할 수 있기를 원한다. 이제는 우리에게 즐거움을 주기 위한 훈련 시나리오가 준비되어 있으므로 일부 에이전트들을 상대로 축구를 할 수 있도록 활성화하겠다. 내부 브레인을 사용할 수 있도록 씬을 설정하려면 이 예제를 따르라.

1. 메뉴에서 Edit | Project Settings | Player를 선택한다.

2. 다음 화면과 같이 Other Settings<sup>기타 설정</sup> 아래의 Scripting Define Symbols<sup>스크립팅 정의 기호</sup>에서 ENABLE_TENSORFLOW<sup>텐서플로로 활성화</sup>를 입력하라.

**Other Settings**

**Rendering**

| | |
|---|---|
| Color Space* | Gamma ⬦ |
| Auto Graphics API  for Wi | ☑ |
| Auto Graphics API  for Ma | ☐ |

Graphics APIs for Mac

= OpenGLCore
= Metal

+, −

| | |
|---|---|
| Auto Graphics API  for Lin | ☑ |

Color Gamut For Mac*

= sRGB

+, −

| | |
|---|---|
| Static Batching | ☑ |
| Dynamic Batching | ☑ |
| GPU Skinning* | ☐ |
| Graphics Jobs (Experimer | ☐ |
| Lightmap Encoding | Normal Quality ⬦ |

Virtual Reality moved to XR Settings

**Mac App Store Options**

| | |
|---|---|
| Bundle Identifier | com.Company.ProductName |
| Version* | 1.0 |
| Build | 0 |
| Category | public.app-category.games |
| Mac App Store Validation | ☐ |

**Configuration**

| | |
|---|---|
| Scripting Runtime Version | Stable (.NET 4.x Equivalent) ⬦ |
| Scripting Backend | Mono ⬦ |
| Api Compatibility Level* | .NET 4.x ⬦ |
| C++ Compiler Configurat | Release ⬦ |
| Disable HW Statistics* | ☐ |
| Scripting Define Symbols* | |
| ENABLE_TENSORFLOW | |
| Allow 'unsafe' Code | ☐ |
| Active Input Handling* | Input Manager ⬦ |

**Optimization**

| | |
|---|---|
| Prebake Collision Meshes' | ☑ |
| Keep Loaded Shaders Aliv | ☐ |
| ▶ Preloaded Assets* | |
| Vertex Compression* | Mixed ... ⬦ |
| Optimize Mesh Data* | ☐ |

**Logging***

| Log Type | None | ScriptOnly | Full |
|---|---|---|---|
| Error | ☐ | ☑ | ☐ |
| Assert | ☐ | ☑ | ☐ |
| Warning | ☐ | ☑ | ☐ |
| Log | ☐ | ☑ | ☐ |

Activate Windows
Go to Settings to activate Windows

텐서플로를 활성화하기 위한 스크립팅 정의 기호 설정

3. 이렇게 설정하면 TensorFlowSharp를 통해 TensorFlow 모델을 내부적으로 실행할 수 있다.[6]

4. Academy 오브젝트를 찾아서 펼침으로써 StrikerBrain 및 GoalieBrain 오브젝트를 표시한다. StrikerBrain을 선택하고 Ctrl + D(macOS에서 Command + D)를 눌러 브레인을 복제하라.

5. 원래부터 있던 StrikerBrain과 GoalieBrain이 Internal(내부) 브레인 유형을 사용 하도록 설정하라. 브레인 유형을 전환할 때 다음 화면과 같이 TensorFlow 속성[7] 아래 의 Graph Model이 Soccer로 설정되어 있는지 확인하라.

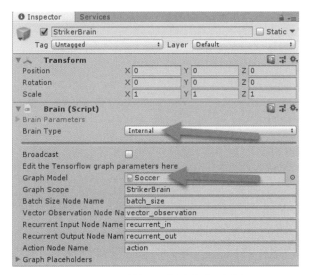

Graph Model이 축구로 설정되어 있는지 확인

---

6  (옮긴이) 주의!!! Brain Type을 Internal로 지정해도 그 아래 부분의 속성들이 나타나지 않았을 수 있다. 오히려 붉은 색 방패 모양 아이콘이 나올 수 있는데, 이 는 TensorflowSharp라는 플러그인이 설치되지 않았다는 뜻이다(이 설치 과정을 저자가 따로 설명하지 않고 있어서이다). 그러므로 이럴 때는 플러그인을 먼저 설치해야 한다. 플러그인 설치 과정에 대한 설명을 보고 싶다면 1) 경고 아이콘 바로 아래에 보이는 'Show me how' 버튼을 클릭한다. 2) 그러면 브라우저에 페이 지가 하나 열리면서 'Setting up the ML-Agetns Toolkit within Unity'라는 링크를 볼 수 있다. 이 링크를 클릭한다. 3) 링크를 따라 열린 페이지(https://github. com/Unity-Technologies/ml-agents/blob/master/docs/Basic-Guide.md#setting-up-ml-agents-within-unity)에 보면 링크와 같은 제목으로 된 부분 이 나온다. 해당 부분에 나오는 지시를 그대로 따라 하면 플러그인을 설치할 수 있다.

그러나 지시 사항이 영어로 되어 있고, 우리는 이미 웹페이지에 실린 과정 중에 6번까지 다 했으므로 그 다음에 나오는 Download 링크부터 따라서 하면 된다. 그러므로 다음 순서를 따른다. 1) 앞에서 본 설명 페이지에서 Download 링크를 클릭해 플러그인 패키지를 내려받는다. 2) 유니티가 실행 중인 상태에서(우리는 지금까지 이 상태에서 학습하고 있었으므로 당연히 열려 있을 것이다) 내려 받은 패키지 파일을 더블클릭한다. 3) 그러면 화면에 'Import Unity Package'라는 작은 알림 창이 뜬다. 거기서 'Import' 버튼을 클릭한다. 그러면 해당 플러그인 애셋들이 유니티의 ML-Agents 폴더로 들어온다. 3) 유니티의 프로젝트 창에서 Assets/ML-Agents/Plugins 폴더에 여러 관련 애셋이 추가로 들어와 있는 것을 보고 잘 설치되었는지 여부를 판단하면 된다.

이 과정을 모두 마치고 다시 StrikerBrain 오브젝트를 클릭해 인스펙터 창을 보면 이전에는 보이지 않던 속성들이 Brain Type 속성 아래 쪽에 표시되어 있을 것 이다.

7  (옮긴이) Brain Type 속성 아래에 보이는 경계선보다 더 아래쪽에 있는 모든 속성들을 말한다.

6. 복제한 새로운 StrikerBrain (1)의 Brain Type이 Player로 지정된 상태 그대로 있는
   지 확인하고 그렇지 않다면 Player로 지정하라. 이렇게 하면 우리[8]가 직접 에이전트와 게
   임을 할 수 있다.

7. 히이어라키 창에서 SoccerFieldsTwos → Players 오브젝트를 획장하면 네 개의
   플레이어 오브젝트가 나타난다. Striker (1) 오브젝트를 선택하고 다음 화면과 같이
   StrikerBrain (1)을 플레이어측 브레인으로 설정한다.

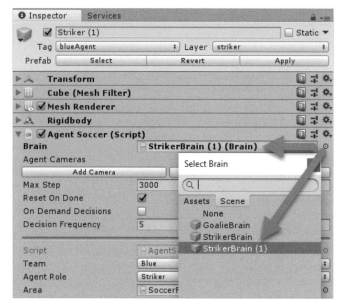

플레이어 큐브에 브레인 설정하기

8. 이렇게 하면 에이전트(플레이어)는 우리가 복제한 Player 브레인 유형을 사용하도록 설
   정된다.

9. 게임을 실행하려면 Play 버튼을 누르라. WASD 키를 사용해 공격수를 제어하고 얼마나
   잘 득점할 수 있는지를 확인하라. 잠시 게임을 하고 나면 곧 에이전트들이 얼마나 잘 배
   웠는지를 알게 될 것이다.

---

**8** (옮긴이) Brain Type(브레인 유형)을 Player(게임 플레이어)로 지정하게 되면, 해당 브레인을 사용하는 에이전트는 게임 플레이어인 우리가 직접 조종할 수 있다.

이는 훌륭한 예제이며 충분한 훈련 시간과 설정이 주어진 대부분의 게임 시나리오에서 에이전트들을 얼마나 쉽게 구축할 수 있는지를 보여준다. 더 중요한 것은 의사결정 코드가, 그 밖의 인공지능 솔루션 주변의 흔적 따위는 불태워 버리는, 가벼운 텐서플로 그래프에 포함되어 있다는 것이다. 우리는 여전히 우리가 훈련한 새로운 브레인을 사용하고 있지 않으므로 다음 절에서 그렇게 할 것이다.

## 훈련된 브레인을 내부적으로 사용하기

이번 예제에서 우리는 축구 게임에서 이전에 에이전트의 브레인으로 훈련한 브레인을 사용하려고 한다. 이렇게 하면 유니티가 제공하는 기본 훈련 브레인과 우리가 첫 번째 예제에서 훈련한 것을 서로 비교하기 좋다.

첫 번째 예제[9]를 완료하지 않은 경우 지금 돌아가서 수행하라. 우리는 지금 재미난 것들을 얻고 있으므로 우리가 플레이할 수 있는 게임에서 내부적으로 훈련된 브레인을 사용할 다음번 예제를 놓치고 싶지는 않을 것이다.

1. 파일 탐색기를 열고 `ml-agents/models/soccor1` 폴더를 연다. 폴더의 이름은 훈련 명령 줄 파라미터에 사용된 실행 ID와 일치한다.

2. 다음 화면과 같이 이 예에서 `python_soccer1.bytes`라는 `.bytes` 파일을 `Assets/ML-Agents/Examples/Soccer/TFModels` 폴더로 드래그한다.

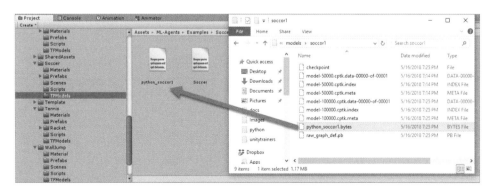

텐서플로 모델 파일을 TFModels 폴더로 드래그

---

9  (옮긴이) '적대적 자체 플레이'라는 단원에서 설명한 예제를 말한다. 이 예제를 만들어 두지 않으면 이후 진도를 나아갈 수 없다. soccer1 폴더가 없거나 폴더 안에 파일들이 보이지 않으면 해당 단원으로 돌아가서 예제를 따라 해 두어야 한다. 그그리야 python_soccer1.bytes라는 파일이 생성되기 때문이다.

3. StrikerBrain을 찾아 다음 화면과 같이 **Graph Model** 속성 옆에 있는 톱니바퀴 모양 아이콘을 클릭하고 python_soccor1이라는 이름으로 된 텍스트를 담은 애셋(TextAsset)을 선택해 **Graph Model**을 설정한다.

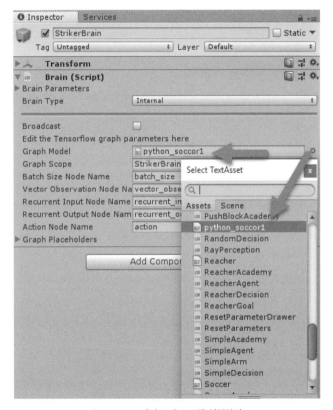

StrikerBrain에서 그래프 모델 설정하기

4. 이 파일을 TextAsset이라고 부르기는 하지만 실제로는 텐서플로 그래프를 표현한 바이너리 바이트 파일이다.

5. GoalieBrain을 동일한 그래프 모델로 변경하라. 브레인은 모두 같은 그래프에 포함된다. **Graph Scope** 파라미터로 어떤 브레인인지를 나타낼 수 있다. 다시 한번 플레이어(즉, 여러분)가 담당하는 공격수의 브레인[10]은 원래 상태 그대로 두라.

---

**10** (옮긴이) Striker Brain (1)을 말한다. 이 브레인의 유형이 'Player'로 지정되어 있으므로, 게임 플레이어(즉, Player)가 이 브레인을 채택한 에이전트를 직접 움직일 수(즉, 컨트롤할 수) 있다.

6. Play를 눌러 게임을 실행하라. WASD 키로 게임을 하라.

가장 먼저 주의해야 할 점은 에이전트가 제대로 플레이하지 않는다는 것이다. 이는 우리가 모든 훈련 옵션을 사용하지 않았기 때문일 수 있다. 이제는 돌아가서 A3C와 지금까지 배운 다른 옵션을 사용해 축구 브레인을 다시 훈련하기에 적당한 시기가 되었다.

이제는 내부 브레인을 사용할 수 있게 되었으므로 훈련 옵션은 무제한 구성이 되게 단계적으로 확대된다. 우리는 에이전트가 다음 단원에서 주문형 결정을 내릴 수 있게 하는 흥미로운 훈련 기법을 살펴볼 것이다.

## 결정 및 주문형 결정

이전 예제에서 축구 게임을 하는 동안 게임이 느리게 진행되는 면을 보았을 수 있다. 이것은 에이전트들의 브레인이 너무 많은 컴퓨터 처리 성능을 소비해 게임의 프레임 속도를 느리게 하기 때문이다. 이는 에이전트가 여러 개인 상황에서 실행할 때 보았던 것처럼 문제가 될 수 있다. 현재 우리가 에이전트/브레인이 5프레임 또는 1/12초마다 결정을 내리도록 했기 때문에 이런 일이 생겼다. 실제 게임인 경우에, 훈련을 받기에는 충분하겠지만 우리는 에이전트가 인간과 동일한 속도로 응답하기를 바란다. 에이전트가 훨씬 덜 자주 결정하게 하면 이와 같은 성능 문제를 해소할 수 있다. 우리는 On-Demand Decisions<sup>주문형 결정</sup> 및 Decision Frequency<sup>결정</sup> <sup>빈도</sup>라는 기능을 사용하여 이를 조정할 수 있다. 유니티로 우리가 사용한 마지막 축구 예제를 열고 다음 예제를 따르라:

1. `Assets/ML-Agents/Examples/Soccer/Scenes` 폴더에서 **SoccerTwos** 씬을 더블클릭해 실행한다.

2. 하이어라키 창의 `SoccerFieldTwos/Players` 폴더에서 **Striker** 오브젝트를 찾아 선택한다.

3. **Decision Frequency** 속성을 찾아 다음 화면과 같이 5에서 5보다 위나 아래인 다른 값으로 변경한다.

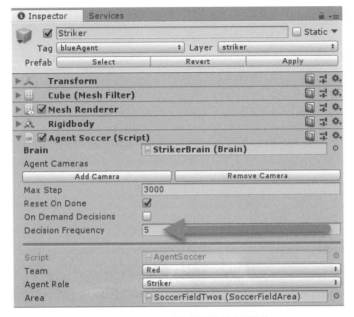

Decision Frequency를 다른 값으로 설정하기

**4.** 5라는 값은 에이전트가 5개 프레임마다 행동하거나 결정한다는 것을 의미한다. 초당 60 프레임에서 이것은 1초당 1/12초 또는 0.083초의 반응 시간을 나타내며 이는 사람에게는 약간 빠른 편이다. 인간의 반응 시간은 연령, 성별 및 기타 여러 요인에 따라 다를 수 있지만, 우리의 목적에 맞게 0.25~0.5초 값을 사용하고자 한다.

**5.** Decision Frequency 속성을 30으로 설정하게 되면 반응 시간은 0.5 초가 될 것이다.

**6.** Goalie와 Goalie (1) 오브젝트들(즉, 또 다른 에이전트들)도 열고 30이라는 값을 사용하도록 설정하라.

**7.** Striker (1) 오브젝트(즉, 플레이어의 에이전트)를 열고 Decision Frequency 속성을 1로 설정한다. 기억하라. 이것은 우리 플레이어를 대신하는 에이전트다. 우리는 에이전트의 반응과 자신의 반응을 비교하기를 원하기 때문에 반응 시간을 늦추고 싶지는 않다.

**8.** 씬을 실행하고 WASD 키를 사용해 게임을 재연하려면 Play 버튼을 누른다. 무엇인가 다른 점을 눈치챘는가?

아마도 여러분은 큰 차이점을 즉시 인지하지는 못할 것이다. 게임이 진행될 때 게임이 상당히 유동적으로 느려지는 것을 알 수 있지만 더 중요한 것은 에이전트가 동일한 속도로 반응하는 것처럼 보인다는 점이다. 반응 시간이 여섯 배나 더 느리게 변경했지만, 에이전트는 여전히 동일한 속도로 반응하는 것처럼 보인다. 이것은 주로 상황에 대한 우리의 인식 때문이지만, 중요한 점은 낮은 결정 빈도로 훈련하고 높은 결정 빈도로 실행해야 한다는 점이다. 다음 단원에서는 결정을 내릴 때를 더 효과적으로 제어할 수 있는 또 다른 기술을 살펴보겠다.

## 통통 튀는 바나나

시뮬레이션이나 게임에서 더욱 정확한 결과를 얻으려면 다양한 입력 신호나 이벤트에 대해 서로 다른 반응 시간을 설정해야 할 수 있다. 예를 들어, 여러분은 에이전트가 오브젝트 또는 트리거에 도달한 후에만 반응시키기를 원할 수 있으므로 에이전트 브레인이 null 입력에 반응하지 않아도 된다. 유니티는 ML-Agents에서 주문형 의사결정이라는 기능을 구현해 두었으므로, 이것을 사용해 에이전트가 결정을 하기 전에 대기할 수 있다. 유니티는 물론 이에 대한 예제를 제공하므로, 에디터를 열고 다음 예제를 따르라.

1. 프로젝트 창의 Assets/ML-Agents/Examples/Bouncer 폴더에서 Bouncer 씬을 찾아서 연다.

2. 하이어라키 창에서 BouncerBrain을 찾아 선택하라. Brain Type을 Internal로 설정하고 Graph Model이 Bouncer라는 TextAsset 바이트 파일로 설정되어 있는지 확인하라.

3. Play 버튼을 눌러 씬을 실행하고 에이전트가 바나나를 향해 뛰는 것을 본다.

직전에 나온 예제는 간단해 보여도 주문형 결정(On Demand Decision)의 좋은 예이다. 이예제에 나오는 에이전트[11]의 Bouncer Agent 스크립트는 다음 화면과 같이 설정된다:

---

11  (옮긴이) 하이어라키 창의 Environment 오브젝트를 펼치면 Agent 오브젝트가 나온다. 이 오브젝트를 클릭하면 Bouncer Agent (Script)라는 컴포넌트를 볼 수 있다.

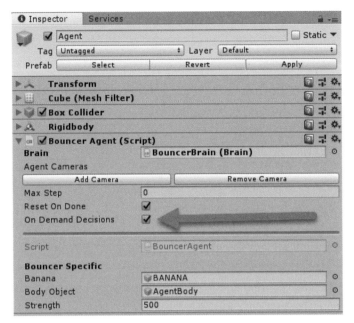

에이전트에서 On-Demand Decision 특성 설정

On Demand Decisions를 사용할 때 C# 에이전트 코드에서 RequestDecision(의사결정 요청) 이라는 요청을 호출해야 한다. 다음 코드와 같이 된 BouncerAgent 스크립트와 FixedUpdate 메서 드를 자세히 살펴보자.

```
private void FixedUpdate()
{
    if ((Physics.Raycast(transform.position, new Vector3(0f,-1f,0f), 0.51f))
        && jumpCooldown <= 0f)
    {
        RequestDecision();
        jumpLeft -= 1;
        jumpCooldown = 0.1f;
        rb.velocity = default(Vector3);
    }
    jumpCooldown -= Time.fixedDeltaTime;
    if (gameObject.transform.position.y < -1)
    {
        AddReward(-1);
```

```
        Done();
        return;
    }
    if ((gameObject.transform.localPosition.x < -19)
        || (gameObject.transform.localPosition.x >19)
        || (gameObject.transform.localPosition.z < -19)
        || (gameObject.transform.localPosition.z > 19))
    {
        AddReward(-1);
        Done();
        return;
    }

    if (jumpLeft == 0)
    {
        Done();
    }
    bodyObject.transform.rotation = Quaternion.Lerp(bodyObject.transform.rotation,
                                    Quaternion.LookRotation(lookDir),
                                    Time.fixedDeltaTime * 10f);
}
```

FixedUpdate의 첫 번째 줄은 게임 오브젝트가 Physics.Raycast를 사용해 바닥에 근접한지 확인하기 위해 .51 유닛 거리에 하향 포인팅 벡터 (0, −1, 0)를 사용함으로써 jumpCooldown이 0보다 작은지를 확인한다. 에이전트가 땅에 가까워지고 jumpCooldown 시간을 기다리면 RequestDecision()을 호출해 결정을 내릴 때가 되었음을 브레인에 알린다. 브레인은 On Demand Decisions를 사용하도록 설정되어 있지만 RequestDecision이 호출될 때까지는 브레인이 작동하지 않는다.

유니티에 익숙하지 않은 경우를 대비해 설명하자면 FixedUpdate는 각 물리적인 시간이 갱신될 때에 호출되고 물리적인 업데이트 사이클에 맞춰져 있는 메서드다. 이는 각 렌더링 프레임에 맞춰 호출되는 Update 메서드와 다른 점이다. 그 차이는 미묘하지만, 일반적으로 FixedUpdate에 충돌 감지 코드를 넣는 편이 바람직하다.

FixedUpdate의 나머지 코드는 에이전트가 플랫폼에서 벗어났는지를 확인한다. 그럴 경우 에피소드가 재설정된다. 그렇지 않으면 에이전트는 바라보는 방향(lookDir)으로 회전할 텐데, 이것을 우리는 스크립트에서 이미 설정했다. 여러분이 나머지 코드를 따라가기에 문제가 있는 경우 C# 및 유니티 프로그래밍 기술을 익히는 것이 좋다.

주문형 결정은 여러 에이전트의 성과를 관리하고 에이전트에게 더욱 현실적인 행동을 제공하는 훌륭한 방법이다. 에이전트를 만들 때 명심해야 할 사항 중 하나는 다른 플레이어나 에이전트와 실제로 상호 작용하는 방법이다. 결정 빈도와 타이밍을 조정할 수 있다는 것은 *6장, '다시 만들어 보는 테라리엄 – 다중 에이전트 생태계'*에서 더 많은 시간을 할애할 수 있는 강력한 기능이다.

다음 단원에서 우리는 에이전트가 우리의 행동을 모방하도록 훈련하는 더 흥미로운 훈련 기법을 소개한다.

## 모방 학습

모방 학습(imitation learning)은 예제를 통해 에이전트를 훈련하는 데 사용할 수 있는 훌륭한 훈련 기술이다. 이는 반복적인 행동들로 인해 복잡해진 훈련 시나리오에서 엄청난 이점을 제공한다. 탁구 게임인 퐁(Pong)이나 테니스 게임인 테니스(Tennis)에서는 게임 행동이 반복적이기 때문에 이러한 유형의 훈련에 매우 적합한 후보이다. 에이전트는 사례(example)[12]를 통해 학습하므로 무작위 검색 작업이나 탐색의 필요성이 제거되고 훈련 성능이 크게 향상된다. 유니티는 이러한 유형의 훈련을 잘 보여줄 수 있는 테니스 게임의 예를 보여준다. 모방 학습을 설정하는 다음 예제로 넘어가자.

1. Assets/ML-Agents/Examples/Tennis 폴더에 있는 **Tennis** 씬을 연다.

2. 하이어라키 창에서 **AgentBrain** 오브젝트를 찾는다. 이 오브젝트 이름을 **Student**로 변경하라. **Brain Type**을 **External**로 설정하라.

---

**12** (옮긴이) 머신러닝이나 딥러닝에 쓰이는 표본 데이터. 엑셀의 각 행이나 데이터베이스 파일의 각 레코드가 이와 같은 사례에 해당한다. incetance라고도 한다.

3. PlayerBrain 오브젝트를 선택하고 이름을 Teacher로 바꾼다. 다음 화면과 같이
Brain Type을 Player로 설정하고 브레인이 Broadcast로 설정되어 있는지 확인하라.

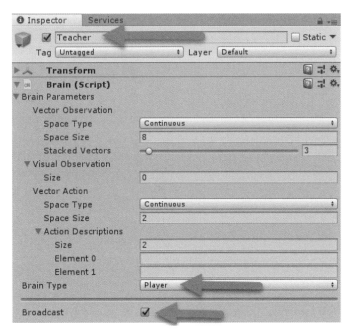

Teach 브레인을 Broadcast로 설정하기

4. Teacher의 브레인을 Broadcast로 설정하면 브레인이 훈련기와 통신할 수 있다. 브레
인은 관측자와 행동 공간을 훈련기로 송출(broadcast)해 학생의 브레인(Student)이 교
사(Teacher)의 경험을 통해 학습할 수 있도록 한다.

5. TennisArea에서 AgentA 및 AgentB 오브젝트를 찾는다. 다음 화면과 같이 두 에이
전트를 모두 선택하고 Brain 속성을 Teacher로 설정한다.

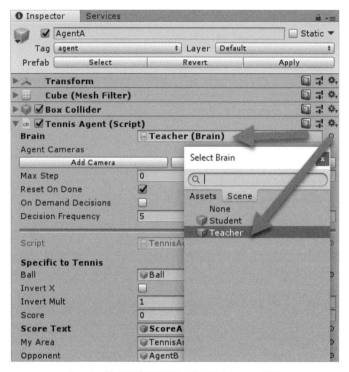

Teacher(플레이어) 브레인을 사용하도록 AgentA 설정

6. Teacher는 브레인인데 이것은 여러분, 즉 플레이어를 의미하고, 여러분은 Student를 가르치기 위해 이것을 사용할 것이다.

7. 하이어라키 창에서 **Teacher** 브레인을 찾아 선택하라. 그런 다음 인스펙터 창에서 창 아래쪽의 **Add Component** 버튼을 클릭한다. **BC Teacher Helper (Script)** 컴포넌트를 찾아 오브젝트에 추가하라. 이 컴포넌트를 사용하면 다음 화면과 같이 **Record Key**를 사용한 보상 재설정(reset reward, R 키)과, **Reset Key**를 사용한 경험 재설정(reset experience, C 키)을 사용해 모방 훈련을 켜거나 끌 수 있다.

BC Teacher Helper 키 선택

8. 메뉴에서 File | Build Settings...를 선택하라. 이러면 빌드 설정 대화 상자가 열린다. Tennis 씬만을 선택한 상태에서 Build 버튼을 클릭하라.

우리의 유니티 환경에 씬을 넣고 나면[13], 이번에는 trainer_config.yaml 파일에서 적절한 훈련 구성을 지정할 차례이다.

## 복제 행동 훈련기 설정

모방 학습을 수행할 때 우리가 사용하는 훈련기를 Behavioral Cloning(행태 복제)이라고 한다. 이 훈련기는 이전에 여러 번 사용해 본 PPO 훈련기와 일치하지만, 훈련이나 플레이어 브레인에서 관측 및 행동 공간 입력을 받도록 확장되었다. 다행히도 구성은 매우 유사하며 특별한 사용자 정의만 필요하다. 이 예제를 따라 훈련기 구성을 마치고 게임을 시작하라.

1. 비주얼 스튜디오 코드 또는 원하는 에디터에서 trainer_config.yaml 파일을 열고 파일의 끝에 다음 새 부분을 추가하라:[14]

```
Student:
    trainer: imitation
    max_steps: 10000
    summary_freq: 1000
    brain_to_imitate: Teacher
    batch_size: 16
    batches_per_epoch: 5
    num_layers: 4
    hidden_units: 64
    use_recurrent: false
    sequence_length: 16
    buffer_size: 128
```

---

13 (옮긴이) 즉, '씬을 이용해 빌드함으로써 Unity Environment 파일을 생성하고 나면.'이라는 뜻이다. 하지만 저자가 설명하지 않지만 유니티 2018 이후 버전을 사용하는 여러분은 이미 무슨 일을 더해야 하는지 알고 있다. Unity Environment 파일 이름을 python으로, Unity Environment_DATA 폴더 이름을 python_DATA로 바꿔 두는 일까지 해야 한다.

14 (옮긴이) 파일 끝 부분에 이미 StudentBrain 구성 부분이 있고 이게 새로 추가할 부분과 거의 같지만, 두 구성 부분의 이름이 다르므로 기존에 있던 부분은 무시하고 새로 추가하기만 하면 된다.

2. 새로운 부분에서는 Student라고 하는 훈련 브레인의 구성을 만든다. 이것이 우리가 이전에 Student로 이름을 변경한 브레인 오브젝트라는 것을 상기하라. 우리는 훈련기를 PPO에서 **모방**하도록 설정했다. 이것이 우리가 일반적으로 설정하는 방식이다. 우리가 사용하고 있는 모방 알고리즘의 구현을 **행태 복제(behavioral cloning)**라고 한다. 행태 복제는 모방 학습의 가장 간단한 형태이지만, 보다시피 작업은 쉽게 끝난다. 편집이 끝나면 파일을 저장하라.

3. 파이썬 또는 아나콘다 프롬프트를 열고 ml-agents를 활성화하고 'ml-agents' 폴더로 이동하라.

4. 다음 훈련기 명령을 입력해 훈련 세션을 시작하라:

```
python python/learn.py python/python.exe --run-id=tennis1 --train --slow
```

5. --slow를 사용한다는 점에 유념하라. 이를 통해 실제 환경과 상호 작용할 수 있는 방식으로 훈련을 실행할 수 있다.

6. 환경이 시작되면 환경이 더 큰 창으로 확장되어 에이전트 중 하나를 제어할 수 있다는 점을 알아 차릴 수 있을 것이다. WASD 키를 사용해 에이전트를 제어하고 공을 얼마나 잘 돌려보낼 수 있는지 살펴보라. 여러분이 하는 행동 중 많은 부분을 학습 중인 에이전트도 한다는 점을 잘 알아야 한다. 이는 에이전트를 훈련하기에 아주 재미난 방법으로서, 이를 통해 시간을 보내기에 아주 좋은 게임을 만들 수 있다.

7. Reset Reward(R 키)[보상 재설정] 또는 Reset Experience(C 키)[경험 재설정]를 사용해 훈련을 활성화/비활성화하거나 경험을 재설정할 수 있다. 또한 환경 창에 다음과 같은 주요 단축 키가 표시된다.

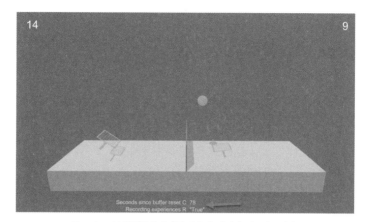

Teacher 브레인(플레이어)를 사용해 에이전트를 가르치라.

8. C를 눌러 경험을 재설정해 보거나 R을 입력해 경험에 관한 기록을 비활성화해 볼 수 있다. 이렇게 해 보고 이것들이 에이전트에 어떤 영향을 미치는지를 확인해 보라.

방금 본 것처럼 모방 학습은 확실히 에이전트를 기르는 데 있어서 가장 재미있고 매력적인 방법이다. 이 훈련 기법은 또한 게임이나 더 복잡한 무언가를 구축할 때 기억되거나 중복되는 작업을 수행해야 하는 에이전트(훈련 중인 게임 에이전트)를 훈련할 때 잠재적으로 끝없는 가능성을 열어준다. 그런데 우리가 보았듯이, 플레이어가 에이전트를 가르치는 게임을 만드는 것조차도 가능하다.

다음 단원에서는 훈련 게임을 다시 한번 더 복잡한 작업으로 안내한다. 이번에는 특히 어려운 다단계 작업에 대해 에이전트를 훈련하기에 적합한 무대 또는 커리큘럼 훈련 형식을 살펴보겠다.

## 커리큘럼 학습

여러분이 에이전트를 빌드하는 데 신경을 덜 쓸수록 더 큰 문제에 봉착하게 될 텐데, 이런 문제가 너무 크다면 한 게임이 아닌, 난이도에 따라 게임을 더 낮은 수준에서 쪼개는 편이 나을 수도 있다. 문제를 이렇게 나눈 뒤에는, 커리큘럼 학습(curriculum learning)[15]으로 이 문제를

---

15 (옮긴이) 훈련용 표본 데이터를 난이도가 낮은 것부터 배치해 모델을 훈련하는 방식이다. 이는 마치 난이도가 낮은 수업부터 시작해 난이도가 높은 수업으로 학습 진도를 빼는 교수/학습 과정(curriculum) 설계와 비슷해서 붙여진 이름이다. 즉, '교과과정 방식 학습'이라는 뜻이다.

해결할 수 있다. 커리큘럼 학습은 에이전트가 단계별로 난이도가 높아지는 과업을 학습하는 방식이다. 이 방식은 사람이 하는 일, 예를 들면 걷는 것을 배우는 일과 그다지 다르지 않다. 우리는 먼저 구르는 법을 배운 다음에야 기고 서고 비틀거리며 걸을 수 있게 되고, 그런 다음에야 제대로 걷게 된다. 우리는 이런 방식으로 걷는 방법을 직관적으로 배웠지만, 우리의 친구인 에이전트들은 어느 정도 도움을 받아야 한다.

유니티로 돌아가서 커리큘럼 학습을 위해 주로 구성된 예제를 살펴보자. 설정을 완료하는 데 약간의 도움이 필요하다. 다음 예제를 따라 커리큘럼 학습 시나리오를 설정하라.

1. Assets/ML-Agents/Examples/WallJump/Scenes 폴더에서 **WallJump** 씬을 연다. 이전 예제를 모두 따라했다면 이제는 모든 유니티 예제 씬을 다루었을 것이므로 여러분이 강화학습의 달인이 된 것은 분명하다.

2. 하이어라키 창에서 **Academy** 오브젝트를 선택하고 다음 화면과 같이 **Wall Jump Academy (Script)** 컴포넌트 아래의 **Reset Parameters**를 확인한다.

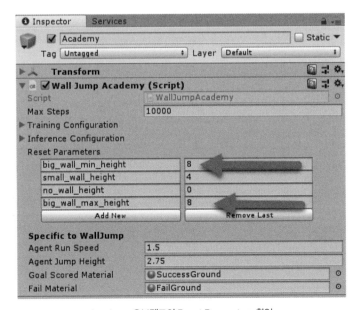

Academy 오브젝트의 Reset Parameters 확인

3. 우리는 이러한 파라미터를 너무 많이 사용하지는 않아 왔지만, 이러한 파라미터들은 재설정을 하고 다시 재설정을 하기까지 변경될 수 있는 다양한 환경 변수를 정의하는 데 사용된다. **커리큘럼 학습**에서는 난이도를 정의하는 방법으로 이러한 파라미터들을 사용한다. 현재 예제에는 최소 벽 높이(big_wall_min_height)와 최대 벽 높이(big_well_max_height)를 정의하는 파라미터가 있다. 우리의 훈련기는 이러한 파라미터를 사용해 훈련 중 벽의 높이를 조정한다.

4. SmallWallBrain과 BigWallBrain 모두에서 브레인 유형을 External로 변경하라. 이제는 꿈속에서도 이렇게 할 수 있어야 한다.

5. 외부 훈련을 위한 환경을 빌드하라. 다시 한번 말하지만, 꿈속에서도 이 방법을 알아야 한다.

6. 비주얼 스튜디오 코드 또는 원하는 텍스트 에디터를 열고 curricula.json이라는 이름으로 새 파일을 만든다. 파일을 python 폴더에 저장하라.

7. 다음에 나오는 JSON 형태로 curricula.json 파일을 편집하라.

```json
{
    "measure" : "reward",
    "thresholds" : [0.5, 0.5, 0.5, 0.5, 0.5, 0.5, 0.5, 0.5, 0.5],
    "min_lesson_length" : 2,
    "signal_smoothing" : true,
    "parameters" : {
        "big_wall_min_height" : [0.0, 0.5, 1.0, 1.5, 2.0, 2.5, 3.0, 3.5, 4.0, 4.5],
        "big_wall_max_height" : [4.0, 4.5, 5.0, 5.5, 6.0, 6.5, 7.0, 7.5, 8.0, 8.5]
    }
}
```

JSON은 JavaScript Object Notation(자바스크립트 객체 표기법)의 약자이다. 자바스크립트에서 기원하기는 했어도, 이 표기법은 이제 대부분의 구성 설정에 사용되는 표준이다. 이 형식에 익숙하지 않다면 배워 두라.

**8.** 이 구성(JSON) 파일에서 우리는 다음과 같이 정의되는 여러 파라미터를 정의한다.

- measure: 성공을 측정하는 과정을 결정한다. 허용 값은 다음과 같다:

  - **reward**: 반환된 누적 보상을 기준으로 한다.

  - **progress**: 에이전트가 작업을 수행한 거리이다.

- thresholds(array float): 수업을 증가시킬 값의 점들을 결정한다. 여기서는 모든 수업에 대해 .5 로 설정된다.

- min_lesson_length(int): 수업을 늘리기 전에 진행률 측정값이 보고되는 횟수를 설정한다.

- signal_smoothing[16]: true/false 형식. true인 경우 신호 평활화 알고리즘을 사용해 새로운 .75x 및 .25x 측정값을 혼합한다.

- parameters: 여기서 우리는 Academy의 Reset Parameters와 에이전트가 훈련할 범위를 일치시 킨다. 벽의 최소 높이와 최대 높이에 대해 값이 .5만큼 증가하는 것을 볼 수 있다. 우리 예제에서 이 말은 벽이 점점 더 높아진다는 의미이다.

**9.** 파이썬이나 아나콘다 프롬프트를 열면 되는데, 이제 여러분은 나머지 해야 할 일쯤은 알 것이다. 다음 명령을 모두 한 줄에 입력해 훈련기를 실행하라.

```
python python/learn.py python/python.exe --run-id=walljump1
    --train
    --slow
    --curriculum=python/curricula.json
```

**10.** 여기서 사용하는 새로운 파라미터는 이전에 구성된 훈련 파일을 가리키는 --curriculum=이다. 훈련 세션이 진행되면 다음 화면과 같이 에이전트가 점점 더 커 지는 벽에 도전하는 것을 확인할 수 있다.

---

**16** (옮긴이) 즉, 신호 평활화.

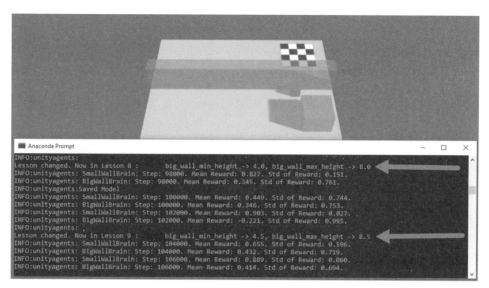

환경에서 실행되는 커리큘럼 훈련 세션

에이전트가 실행되면 늘 그렇듯이 프롬프트 창을 지켜보라. 앞에서 발췌한 내용과 마찬가지로 점점 더 높아지는 벽에 도전하기 위해 훈련하는 에이전트를 보게 될 것이다. 이 훈련 형식은 6장, '다시 만들어 보는 테라리엄 – 다중 에이전트 생태계'에서 볼 수 있는 것처럼 모든 형태의 상황에 적용될 수 있다. 여기서는 다양한 훈련 환경을 순환하는 커리큘럼 훈련을 사용한다.

## 연습문제

이번 장에서 많은 내용을 다루려고 했지만, 실용적이고 새로운 예제를 많이 제공하지는 못했다. 강화학습 전문가로서 이미 성장하고 있는 경험을 토대로 다음 연습문제 중 일부를 시도해보라:

1. Banana Collectors로 돌아가서 Ctrl + D(macOS에서는 Command + D)를 사용해 더 많은 에이전트를 추가하라. 훈련 시나리오가 지연되거나 너무 느려지지 않고 에이전트를 계속 추가할 수 있는가?

2. Soccor 예제를 플레이어 중 하나에 대해 모방 학습을 사용하도록 변환하라. Goalie<sup>골키퍼</sup> 유형을 선택한 경우 Goalie 플레이어 1인을 Teacher로, 1인을 Student로 설정하라.

3. 모방 학습을 사용하기 위해 **GridWorld** 예제를 변환하라. **Teacher** 에이전트를 새로 만들고 기존 에이전트를 Student로 전환하라. 우리가 이 예제를 자세히 설명했으므로 훈련 성과의 차이를 잘 비교할 수 있을 것이다.

4. 추가 훈련 재설정 파라미터를 추가해 **WallJump** 예제를 확장하라. 에이전트를 벽에서 머나멀게 배치함으로써 에이전트를 늘리기가 어려워지므로 에이전트가 먼저 벽을 찾게 해야 한다.

5. 커리큘럼 학습을 사용하기 위해 **GridWorld** 예제를 변환하라. 설정하려는 최솟값/최댓값에 대한 새 재설정 파라미터를 작성해야 한다. 격자 크기와 장애물 수를 늘릴 수 있지만, 더 어려운 훈련 상황을 만들기 위해 보상을 줄인다. 여러분이 현재 모델들을 최고로 할 수 있는지 확인해 보라.

연습문제를 한두 개만 풀더라도 전혀 풀어 보지 않는 것보다는 낫다.

## 요약

이번 장은 흥미진진했으며 우리는 여러 가지 다양한 시나리오에 맞춰 게임을 할 수 있었다. 우리는 단일 브레인을 사용하는 다중 에이전트 환경으로 우리의 훈련을 확장하기 시작했다. 다음으로 역보상 시스템을 사용해 에이전트 쌍을 훈련할 수 있는 적대적 자체 플레이라는 다중 에이전트 훈련의 변형을 살펴보았다. 그런 다음 에이전트가 특정 빈도나 필요에 맞춰 결정을 내리는 방법을 설명했다. 그 후에 우리는 모방 학습이라는 또 다른 새 훈련 방법을 살펴보았다. 이 훈련 시나리오를 통해 우리는 플레이를 할 수 있었고, 동시에 테니스를 하는 에이전트를 가르쳤다. 마지막으로 우리는 커리큘럼 학습이라는 또 다른 훈련 기법을 사용하여 이번 장을 완료했다. 시간이 지남에 따라 점차적으로 에이전트의 훈련 과정이 복잡해질 수 있었다.

이번 장에서 우리는 유니티가 제공하는 마지막 예제까지 살펴보았으므로 여러분은 이제 에이전트를 훈련하는 다양한 기술을 잘 알고 있어야 한다. 다음 장에서는 에이전트를 지속적으로 발전시키고 우리가 직접 이러한 기법을 적용할 수 있는 기술을 제공하기 위한 자체 다중 에이전트 세계를 구축할 것이다.

# 다시 만들어 보는 테라리엄 - 다중 에이전트 생태계

2002년에 마이크로소프트는 테라리엄이라는 재미있는 개발자용 게임을 개발해 닷넷 프레임 워크(.NET Framework)의 코드 이식성을 입증했다. 당시 C# 및 .NET이 새롭게 등장했지만, 마이크로소프트는 이것들을 잘 팔지 못했다. 하지만 결국에 C# 및 닷넷이 VBA와 비주얼 베이 직을 왕좌에서 물러나게 하면서 자바 개발자를 사라지게 하려고 했다. 이 게임을 통해 개발자 는 테라리엄에서 태어나고 먹고 자고 번식하고 죽을 수 있는 작고 프로그램 가능한 생물을 만 들 수 있었다. 이 게임에서는 또한 조그마한 프로그램이 그 밖의 연결된 테라리엄을 감염시키 는 일을 허용하는 기능도 있었다. 사실 마이크로소프트는 이 작은 생물형 프로그램으로 서로 대결해 우승한 개발자가 가장 성공적인 생물를 가지게끔 하는 경연 대회를 열었다.

우리는 연결된 테라리엄 인프라를 구축하지는 않겠지만 (어쨌든 개발자로서) 원래 게임을 재미 있게 만들어주는 여러 가지 더 멋진 기능을 흉내내기 위해 최선을 다할 것이다.

이번 장의 초점은 에이전트들이 살고 죽을 수 있는 유사 테라리엄 게임을 개발하는 데 맞춰져 있지만, 몇 가지 조건이 있다. 그 당시에도 신경망 및 기타 머신러닝 기술을 사용할 수는 있었 지만 사실상 모든 테라리엄의 생물은 개발자가 만든 A* 및 휴리스틱 방식을 기반으로 했다. 이제 우리는 작은 테라리엄에 사는 생물이 스스로 자신의 프로그램을 짜고 승리를 쟁취하기 위한 행동을 스스로 개발하게까지 하는 능력을 지니게 되었는데, 이런 일은 이전에는 상상조차 못할 일이었다. 그러므로 이번 장은 흥미진진한 장이 될 텐데, 여기서 우리가 다루는 내용은 다음과 같다:

- 테라리엄이란 어떤 것이었고 우리가 다룰 테라리엄은 무엇인지
- 에이전트 생태계 구축
- 기본 테라리엄 – 식물과 초식동물
- 육식동물: 즉, 사냥꾼
- 다음 단계
- 예제

이번 장에서 우리가 다루어야 할 기본 사항이 많으므로 몇 가지 진보된 유니티 개념을 대략적으로 다뤄야 할 것으로 보인다. 문제에 봉착한 경우라면 이 책에 나오는 소스 코드를 완성된 예제에서 살펴보라.

테라리엄에서 자신만의 작고 프로그램 가능한 생물을 키운다는 생각이 여러분을 들뜨게 하지 않는다면, 여러분은 아마도 이 책을 우연히 집어들었을 가능성이 있다. 그렇다면 이 책이 꼭 필요한 사람에게 주기 바라고, 그렇게 해 주면 고맙겠다.

## 테라리엄이란?

테라리엄이라는 개념은 시대를 앞선 것이었다. 게임을 통해 개발자는 부모와 자손 간에 어떤 형태로 된 상태를 전송할 수 있었지만 성공한 에이전트들에서는 사용된 적이 전혀 없던 기능이었다. 대신, 개발자들은 고정된 전략의 특정 세트에 대한 코드를 최적화했는데, 대체로 코드가 많이 필요한 것으로 밝혀졌다. 다음은 생태계 모드에서 실행 중인 테라리엄 클라이언트의 화면이다.

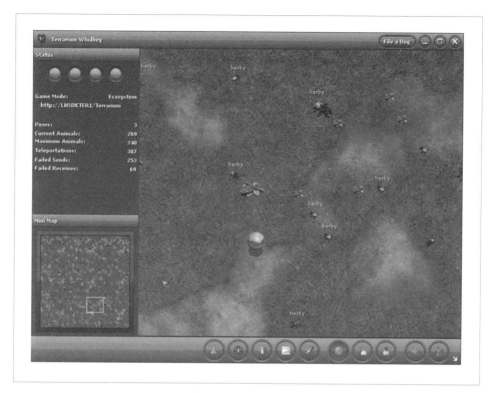

초창기 마이크로소프트 테라리엄

테라리엄끼리 연결된 생태계라는 개념 전체를 이 책에서 1개 장만으로는 모두 재현할 수 없다
는 점을 전제로 깔고 가야 한다. 테라리엄 네트워크 생태계의 초석이 된 '우아함'[1]을 설명하려
면 여러 개 장이 필요할 수도 있다. 대신에, 우리의 ML-Agents 환경 구축 및 심층강화학습에
관한 정보를 더 많이 가르쳐 주도록 고안한 다중 에이전트 다중 브레인 생태계(multi-agent
multi-brain ecosystem) 한 가지만 구축하는 일을 목표로 삼을 것이다. 아마도 마이크로소
프트나 유니티와 같은 곳에서는 연결된 생태계(connected ecosystem)라는 개념을 더 잘 알
고 있을지도 모르겠다.

테라리엄 게임 규칙은 매우 간단했는데, 기본 규칙 중 하나는 코드가 실패하지 않고 x 시간 내
에 실행되어야 한다는 것이다. 그렇지 않으면 해당 생물이 죽었다. 여러분이 크기, 속도, 강인

---

**1** (옮긴이) 저자가 설명하지 않고 있지만 여기서 말하는 우아함이란 대체로 우아하게 보이게 하는 그래픽이나 섬세한 프로그래밍 논리 등을 지칭하는 것으로 보
인다.

함과 같은 생물의 능력에 점수를 적용할 수 있다는 다른 측면이 있었다. 개발자는 100점을 다음에 예시하는 표에서 볼 수 있듯이 육식 동물 및 초식 동물 유형의 생물이 지닌 다양한 특성에 나눠서 부여했다.

| 속성 | 초식 동물 | 육식 동물 | 설명 |
| --- | --- | --- | --- |
| 최대 에너지<br>(max energy) | 20 | 10 | 생물이 행동하는 데 필요한 에너지 저장량을 결정한다. 육식 동물은 다른 생물을 먹음으로써 사용할 에너지를 충당한다. 초식 동물은 식물을 먹는다. |
| 포식 속도<br>(eating speed) | 2 | 6 | 생물이 얼마나 빨리 다른 생물로부터 에너지를 충당할 수 있는지 결정한다. |
| 공격 대미지<br>(attack damage)[2] | 0 | 14 | 다른 생물이 공격할 때 겪게 되는 피해의 양. |
| 방어 대미지<br>(defend damage) | 10 | 10 | 생물이 공격으로부터 얼마나 효과적으로 방어하는지를 결정한다. 방어력이 높은 생물은 오히려 공격자에게 대미지를 입힌다. |
| 최대 속도<br>(max speed) | 8 | 10 | 생물이 얼마나 빨리 달리는지를 결정한다. |
| 위장<br>(camouflage) | 20 | 5 | 그 생물을 발견하기가 얼마나 어려운가를 나타낸다. |
| 시력<br>(eyesight) | 5 | 20 | 생물이 얼마나 멀리 있는 다른 생물을 찾아낼 수 있는지를 나타낸다. |
| 성체 크기<br>(mature size) | 30 | 20 | 게임의 밸런스를 좋게 하기 위해 다 자랐을 때의 크기를 원래 파라미터에 추가한다. |
| 성장 속도<br>(growth rate) | 5 | 5 | 이것은 생물의 성장을 조금 더 깔끔하게 관리하기 위해 추가된 또 다른 파라미터이다. 원래 게임은 생물의 성장을 블랙박스처럼 처리했다. |

모든 생물은 원래 게임의 아이콘 이미지 크기인 24에서 48에 해당하는 성체 크기 속성을 다양하게 지닌다. 예제를 만들 때 이러한 모든 속성을 다양한 게임 메커닉으로 매핑하지만 강화학습을 수행하려면 보상 구조의 일부 형식을 적용해야 한다.

---

2 (옮긴이) 즉, 공격 행위로 인한 에너지 손실. 게임 용어인 '대미지'를 그대로 사용했다.

이전에 우리가 다룬 예제들에서는 모든 보상이 목표 지향적이어서 목표를 달성해야 보상도 달성한다는 식이었다. 그러나 초창기 테라리엄을 사용할 때는 가능한 한 오랫동안 살며 번식하는 것이 목표였고, 현재 우리가 새로 다룰 테라리엄도 그게 목표이다. 따라서 우리는 이런 방식을 흉내 내는 보상 시스템을 도입하고자 한다. 우리는 다음 생애 사건들을 바탕으로 삼아 보상을 제공함으로써 이를 수행할 것이다.

| 생애 사건 | 보상 | 설명 |
|---|---|---|
| 노년에 죽는다<br>(die of old age). | +1 | 우리의 목표는 생물 에이전트들이 가능한 한 오랫동안 생존하는 것이다. |
| 번식한다<br>(reproduce). | +1 | 우리는 번식을 장려하고 싶다. 더 많은 에이전트는 그 밖의 것들에게는 더 많은 학습과 식량을 의미한다. |
| 포식한다<br>(eat). | + 충당한 에너지/100 | 우리는 생물에게 음식물 섭취를 장려하기 위해 소소한 보상을 준다. 소소한 보상이 없다면 생물이 먹어야 할 이유가 없으므로 굶어 죽고 말 것이다. 게다가 모든 생물은 식사를 즐기지 않나. |
| 병으로 죽는다<br>(die of sickness). | −1 | 원래 게임에서는 코드가 깨지거나 에이전트가 움직일 수 없으면 생물이 질병으로 사망한다는 식으로 처리했다. 이것을 부정적인 보상으로 추가하면 과밀화가 줄어들 것이다. |

원래 게임은 실시간으로 실행되었지만, 근본적으로 턴제였다. 각 턴 중에 에이전트는 다음과 같이 현재 상태를 기반으로 일련의 이벤트, 즉 함수를 실행한다.

| 이벤트 | 기능 |
|---|---|
| BornEvent | 생물[3]이 태어난 후에 실행(fire)[4]된다. |
| LoadEvent | 생물이 환경에 로드된 후에 실행된다. |
| IdleEvent | 에이전트가 결정을 내려야 할 때 실행되며, 주문형 결정을 사용하도록 본질적으로 변환할 수 있다. |
| ReproduceCompletedEvent | 에이전트가 번식한 후에 실행된다. 이것은 우리의 목적을 위한 보상 이벤트가 될 것이다. |

---

3 (옮긴이) 이 표에 나오는 생물이라는 용어는 에이전트를 가리키는 말이다.

4 (옮긴이) 즉, 트리거링(triggerring). 우리 말로는 발동, 유발, 촉발 또는 발사, 점화, 격발 등에 해당하지만, 보통 '이벤트를 실행한다'는 식으로 표현하므로 이에 맞춰 '실행'으로 번역했다.

| 이벤트 | 기능 |
|---|---|
| EatCompletedEvent | 에이전트가 음식을 먹은 후에 실행된다. 다시 한번 말하지만, 보상을 주는 또 다른 기회이다. |
| DefendCompletedEvent | 에이전트는 드러나게 방어 조치를 취해야 한다. 이 이벤트는 에이전트가 자신을 방어한 후에 실행된다. |
| AttackCompletedEvent | 에이전트가 공격을 끝내면 실행된다. |
| AttackedEvent | 생물이 공격당한 후에 실행된다. |
| MoveCompletedEvent | 에이전트가 움직이면 실행된다. |

그런데 원래 게임에서는 에이전트를 제어하기 위해 앞서 나온 이벤트들에 각기 자체 코드를 구현하는 것이 개발자의 임무였다. 우리는 에이전트의 시간에 맞춰 이러한 이벤트를 활성화하는 실시간 물리 기반 시스템을 사용할 것이다. 에이전트가 수행하는 각 행동에는 해당 생물의 움직이는 속도 또는 먹는 속도에 따라 결정되는 시간이 어느 정도 필요하다. 이것이 바로 에이전트가 빠르게 움직여야 하고 자원(다른 생물)을 빠르게 섭취할 수 있어야 하는 이유이다.

한 턴 동안 에이전트는 다음 행동들을 수행할 수 있다:

| 행동 | 설명 |
|---|---|
| 대기(wait) | 생물은 대기하며 휴식을 취할 수 있으므로 에너지가 보존된다. |
| 이동(move) | 이동은 이동 행동당 에너지로 '.01 × 생물의 현재 크기'를 소모한다. |
| 공격(attack) | 공격은 '.01 × 생물의 에너지'를 소비한다. 공격은 공격력에 생물 크기를 곱한 것과 같은 피해를 입히고 방어하는 생물의 '방어 × 생물 크기'를 뺀다. 초식 동물이 방어하지 않으면 공격자가 완전히 손상을 입힌다. |
| 방어(defend) | 방어는 '.005 × 생물의 에너지 사용량'을 소모한다. 생물은 공격을 막기 위해 명시적으로 자신을 방어해야 한다. |
| 포식(eat) | 포식은 시간 척도에 따라 생물의 포식 속도로 에너지를 소비한다. 생물은 활동적인 초식 동물이나 육식 동물을 먹을 수 없지만 살아있는 식물을 먹을 수는 있다. |
| 번식(reproduce) | 번식은 생물의 에너지의 1/2을 소모한다. 번식하려면 생물은 최대 에너지의 50% 이상을 가지고 있어야 하고 성숙한 크기여야 한다. |

앞의 행동들에 덧붙여, 생물은 다음 표와 같이 자라서 죽을 때까지 다양한 변형을 겪는다:

| 생애 사건 | 설명 |
| --- | --- |
| 탄생(born) | 성장한 생물이 최대 크기에 도달하고 최대 에너지 + 1보다 큰 에너지 잉여를 갖게 되면(energy > max energy + 1) 새로운 생물이 탄생하는 일이 벌어진다. |
| 성장(grow) | 생물은 에너지 수준이 50% 증가할 때마다 커진다. 성장 자극은 즉시 생물의 현재 에너지를 25% 감소시킨다. 원한다면 생물의 성장을 촉진하기 위해 여기에 소소한 보상을 추가할 수도 있다. |
| 노쇠로 인한 죽음 (die of old age) | 생물은 수명이 허용하는 한도까지 살아왔다. 생물의 수명은 크기에 따라 결정되므로 더 큰 생물은 더 오래 살 수 있다. |
| 기아 및 질병으로 인한 죽음 (die of starvation or sickness) | 생물은 모든 에너지를 모두 소모해 0 미만이 되면(energy < 0) 죽는다. 에너지가 0인 생물은 노년에 한가한 상태로 살 수는 있지만 이동하거나, 방어하거나 공격을 시도하면 죽을 것이다. 다른 생물이 음식을 가져올 수 있다고 생각되지만, 우리는 그것이 어떻게 작용하는지 보아야 한다. |
| 피살(killed) | 어떤 생물이 다른 생물에 의해 살해되었을 때, 생물이 죽기는 하지만 없어지지는 않는다. 죽은 생물은 육식 동물이 소비할 수 있는 최대 에너지를 남긴다. |

앞에 나온 생애 사건들은 에이전트가 존재할 때 자동으로 일어나며 훈련 시나리오를 제어하기 위해 개발할 Academy 오브젝트에 의해 제어된다. 그런 모든 규칙이 없어지면 다음 단원에서 테라리엄 에이전트를 계속 구축할 수 있다.

## 에이전트 생태계 구축

이제 핵심 규칙 세트가 생겼으므로 유니티에서 다중 에이전트 생태계를 처음부터 만들 수 있다. 이전에는 유니티에서 미리 만들어 둔 예제를 살펴보는 데 상당한 시간을 할애했지만, 이 짧은 시간에 이 지점까지 도달하기 위해서는 모든 머티리얼을 다루는 것이 필수적이었다. 모든 핵심적인 이해를 바탕으로 다음 예제를 통해 더 복잡한 예제를 만들 수 있다.

1. Project 창에서 Assets 아래에 Terrarium이라는 새 폴더를 만든다.

2. 이 폴더 밑에 Materials, Prefabs, Scenes, Scripts, TFModels 와 같은 다섯 개의 새 폴더를 만든다.

**3.** Scenes 폴더에 Terrarium이라는 새로운 씬을 만든다.

**4.** 새 **Terrarium** 씬을 열고 메뉴에서 **GameObject | Create Empty**를 선택하라. 오 브젝트 이름을 **Academy**로 바꾼다.

**5. Project** 창에서 Scripts 폴더를 지정한다. 그리고 이 폴더에 TerrariumAcademy라는 새 C# 스크립트를 만든다. 다음 코드가 포함되도록 스크립트를 편집하라:

```
using UnityEngine;

public class TerrariumAcademy : Academy[5]
{
    public override void AcademyReset()
    {

    }
    public override void AcademyStep()
    {

    }
}
```

**6.** 우리는 표준 ML-Agents의 **Academy** 스크립트에서 확장하므로 많은 코드가 필요하지 않다. 편집을 마쳤으면 스크립트를 저장하고 유니티로 돌아간다. 오류 없이 스크립트가 컴파일 될 때까지 기다리라.

---

**5** (옮긴이) 유니티 최신 버전(옮긴이의 경우에는 2018.2.12f1)을 쓰지 않는 경우에 Academy 클래스를 찾을 수 없다고 하면서 unsing ML-Agents; 문을 생략한 게 아니냐는 경고문이 컴파일 시에 나올 수 있다. 그러므로 이럴 때는 유니티를 최신 버전으로 업그레이드하기 바란다.

7. TerrariumAcademy 스크립트를 Academy 오브젝트로 끌어 놓아 컴포넌트로 첨부한다. Terrarium Academy 컴포넌트 파라미터를 다음과 같이 설정하라:

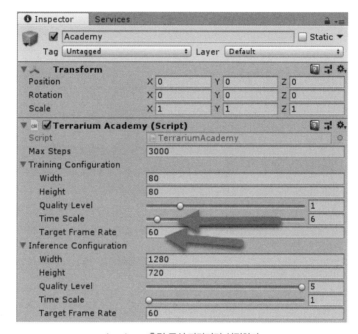

Academy 훈련 구성 파라미터 설정하기

8. 이 파라미터를 설정하면 훈련기 파라미터인 --slow를 사용해 훈련 세션을 실행할 수 있고 시뮬레이션 실행을 확인할 수 있다.

이것으로 우리 과제 중 첫 부분을 설정하기는 했지만 앞으로 더 많은 과정을 밟아 나가야 한다. 다음 단원에서는 테라리엄을 좀 더 재미있게 만들기 위해 다채로운 애셋을 가져온다.

## 유니티 애셋 가져오기

유니티의 가장 강력한 측면 중 하나는 애셋 스토어(Asset Store)이다. 이 상점에 많은 양질의 콘텐츠가 있으므로 게임 전체를 코드를 새로 작성하지 않은 채로 개발할 수도 있다. 물론, 우리는 그런 사치를 누리지는 않을 것이지만, 테라리엄을 흥미롭게 만들기 위해 많은 무료 애셋 정도는 이용할 것이다. 유니티를 열고 프로젝트 애셋을 가져오기 위해 다음 과정을 따르라:

1. 메뉴에서 Window | General | Asset Store를 선택한다. 애셋 스토어는 이 책을 쓰고 있는 현재 전환 중이며 일부 화면은 상당히 달라 보일 수도 있고 애셋이 사라질 수도 있다. 어느 쪽이든, 로우 폴리곤(low polygon)[6] 생물이나 동물 팩은 있을 것이다.

2. 검색 창에 gloomy animal을 입력하고 검색을 클릭하거나 엔터 키를 누른다. 몇 가지 검색 결과가 나타난다. 다음 화면과 같이 Free Low Polygon_Animal 팩이라는 애셋을 선택하라.

로우 폴리곤 애니멀 팩 가져오기

3. Download를 클릭한 다음 Import 버튼을 찾아서 클릭해 애셋을 프로젝트로 가져온다. 가져올 애셋을 선택하라는 메시지 창이 나타난다. 모든 항목이 선택되어 있는지 확인한 다음 Import 버튼을 클릭하라.

---

6  (옮긴이) 게임 용어로서 '다각형이 적다'는 뜻으로서 게임에 나오는 각종 형상들이 세밀하지 않고 거칠게 다음어진 상태(즉, 폴리곤을 적게 쓴 상태)를 말하는데, 보통 로우 폴리곤이라고 부른다는 점을 감안해 이 용어를 번역어로 채택했다.

4. Asset Store 창으로 돌아가서 low poly toon을 검색한다. 다음 화면과 같이 애셋을 선택하라.

로우 폴리 툰 애셋을 프로젝트로 가져오기

5. 애셋을 내려받아 프로젝트로 가져온다.

유니티에 광범위하고 다양한 선택지가 있다는 점에서는 훌륭하지만, 애셋 자체는 썩 훌륭하지 않다. 모든 유료 애셋이 자신이 생각하는 수준일 수는 없으므로 자주 실망하게 된다는 점에 유념하라. 마찬가지로, 우리가 사용하고 있는 것과 같은 훌륭한 무료 애셋도 많이 있기는 하지만, 그다지 좋지 않은 무료 애셋이 넘쳐난다. 애셋에 시간이나 돈을 투자하는 경우 애셋과 프로젝트에 적합한지 확인하라. 많은 프로젝트가 그 당시에는 좋은 아이디어인 것처럼 보여서 애셋이 폭발적으로 늘어나는 일로 어려움을 겪었다. 무료 애셋이라 할지라도 가격 대비 소요 시간을 따져 봐야 한다.

새로운 애셋을 가져왔으니 다음 단원에서 환경을 우리 프로젝트에 추가할 수 있다.

## 환경 구축

원래 테라리엄 게임은 2D로 진행되었는데, 그 당시에는 이런 방식이 더 쉽기 때문이었지만 이제는 3D로 우리 버전을 만드는 편이 실제로 더 쉽다. 그러한 개선점과 더불어 우리는 2D 아이콘 대신에 폴리곤 처리한 동물과 식물을 사용할 것이다. 첫째, 우리는 이 예제를 따라 하며 세계를 만들어야 한다.

1. Terrarium 씬을 로드하라.

2. 메뉴에서 GameObject | Create Empty를 선택한다. 새 오브젝트의 이름을 Environment로 바꾼다.

3. 새 Environment 오브젝트를 마우스 오른쪽 버튼으로 클릭하고 컨텍스트 메뉴에서 3D Object | Plane을 선택한다. 필요한 경우 플레인(Plane)의 Position 속성을 0, 0, 0으로 재설정하라. Transform 컴포넌트의 Scale 속성을 (5, 1, 5)로 설정하라.

4. 하이어라키 창에서 새 Plane 오브젝트를 선택하고[7] 다음 화면과 같이 Mesh Renderer 컴포넌트의 Material 속성을 brown_01로 변경하라:

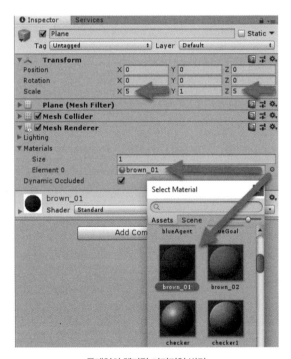

플레인의 렌더링 머티리얼 변경

---

**7** (옮긴이) 이미 선택해서 앞 단계에서도 값을 조정하는 중이었다. 그러므로 선택되어 있는지만 다시 확인하면 된다.

**5.** Scripts 폴더에 LookCamera라는 새 스크립트를 만들고 다음과 같이 내용을 편집하라.

```
using UnityEngine;
using System.Collections;

public class LookCamera : MonoBehaviour
{
    public float mouseSensitivityX = 5.0f;
    public float mouseSensitivityY = 5.0f;
    float rotY = 0.0f;

    void Start()
    {
        if (GetComponent<Rigidbody>())
            GetComponent<Rigidbody>().freezeRotation = true;
    }

    void Update()
    {
        if (Input.GetMouseButton(1))
        {
            float rotX = transform.localEulerAngles.y
                        + Input.GetAxis("Mouse X") * mouseSensitivityX;
            rotY += Input.GetAxis("Mouse Y") * mouseSensitivityY;
            rotY = Mathf.Clamp(rotY, -89.5f, 89.5f);
            transform.localEulerAngles = new Vector3(-rotY, rotX, 0.0f);
        }
        if (Input.GetKey(KeyCode.W) || Input.GetKey(KeyCode.UpArrow))
        {
            transform.position += transform.forward * .1f;
        }
        else if (Input.GetKey(KeyCode.S) || Input.GetKey(KeyCode.DownArrow))
        {
            transform.position -= transform.forward * .1f;
        }
        if (Input.GetKey(KeyCode.U))
        {
            gameObject.transform.localPosition = new Vector3(0.0f, 50.0f, 0.0f);
            transform.localEulerAngles = new Vector3(90f, 0.0f, 0.0f);
        }
    }
}
```

6. 이것은 씬을 통해 카메라를 자유롭게 움직이거나 회전시킬 수 있는 기본 LookCamera 스크립트이다. 추가 함수를 원할 경우 온라인에서 이 스크립트의 다양한 변형을 무료로 구할 수 있다. 컨트롤과 특수 리셋 키를 알아내기 위해 스크립트를 읽으라.

7. LookCamera 스크립트를 씬의 **Main Camera**에 첨부하고 이 오브젝트의 인스펙터에서 다음과 같이 오브젝트 속성을 수정하라.[8]

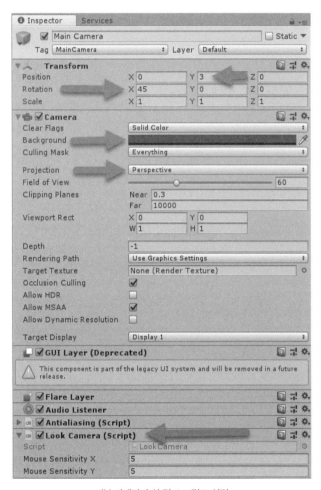

기본 카메라 속성 및 스크립트 설정

---

**8** (옮긴이) 책에 나오는 그림과 유니티의 인스펙터 화면을 정확히 일치하게 하려면, 인스펙터 창에서 Add Componet 버튼을 누른 다음에 각기 Flare Layer, Audio Listener, Antialiasing을 검색해 추가해야 할 수도 있다.

8. 씬을 실행하려면 플레이 버튼을 누르라. LookCamera 스크립트 입력 컨트롤을 사용해 카메라를 씬 주위로 이동하라. 어떤 일이 발생하는지 보려면 특수 키를 눌러보라. 어떤 키가 무엇인지 잘 모르는 경우 스크립트를 다시 읽으라. 이 스크립트의 현재 버전은 제한 이 없어서 어디든 갈 수 있다. 카메라를 제한하는 자신만의 바운싱 박스(boucing box) 를 자유롭게 추가할 수 있다.

이제 기본 에이전트 환경을 구축했으므로 다음 단원에서 식물과 동물을 추가하고 뛰어들어 씨 름하고 싶다.

## 기본 테라리엄: 식물과 초식 동물

우리 테라리엄을 세우는 일을 크게 나눠 보면 식물, 식물을 포식하는 에이전트(초식 동물), 식 물을 먹는 에이전트를 포식하는 에이전트(육식 동물)를 만드는 일로 구분된다. 우리는 가장 기 본적인 테라리엄 거주자인 식물을 가지고 시작할 것이다. 테라리엄 식물은 자신들의 자연 속 사촌과 다르지 않다. 그들은 존재 그 자체만으로도 지속적으로 에너지를 증가시킨다. 식물들은 특정 크기에 도달하면 더 많은 식물을 생산하는 씨앗을 배출하기 시작한다. 유니티를 열어 첫 번째 테라리엄 거주자인 식물을 만들자:

1. 직전에 떠났던 Terrarium 씬을 다시 열고 메뉴에서 GameObject | Create Empty 를 선택하라. 새 오브젝트의 이름을 Plant<sup>식물</sup>로 바꾼다.

2. Plant 오브젝트를 Environment → Plane으로 드래그해 자식 오브젝트로 부착한다. Transform 컴포넌트의 Position 속성을 (0, 0, 0)으로 재설정해야 한다는 점에 유의 하라.

3. Assets/Free Low Poly Toon Nature/Prefabs 폴더를 열고 tree_F08 프리팹을 씬의 Plant 오브젝트로 드래그하라. 이 하위 프리팹의 Transform Position이 (0, 0, 0)인지 확인 하라.

4. Assets/Terrarium/Scripts 폴더에 새 C# 스크립트를 만들고 그것을 Plant라고 부르라. 선 택한 에디터에서 스크립트를 열고 다음 코드로 바꾼다.

```csharp
using UnityEngine;
public class Plant : MonoBehaviour
{
    [Header("Plant Points (30 Max)")]
    public float MaxEnergy;
    public float MatureSize;
    public float GrowthRate;
    public float SeedSpreadRadius;

    [Header("Monitoring")]
    public float Energy;
    public float Size;
    public float Age;

    [Header("Seedling")]
    public GameObject SeedlingSpawn;

    [Header("Species Parameters")]
    public float EnergyGrowthRate = .01f;
    public float AgeRate = .001f;
    private Transform Environment;

    private void Start()
    {
        Size = 1;
        Energy = 1;
        Age = 0;
        Environment = transform.parent;
        TransformSize();
    }

    void Update ()
    {
        if (CanGrow) Grow();
        if (CanReproduce) Reproduce();
        if (Dead) Destroy(this);
        Age += AgeRate;
        Energy += EnergyGrowthRate;
```

```
    }

    void TransformSize()
    {
        transform.localScale = Vector3.one * Size;
    }

    bool CanGrow
    {
        get
        {
            return Energy > ((MaxEnergy / 2) + 1);
        }
    }

    bool CanReproduce
    {
        get
        {
            if (Size >= MatureSize && CanGrow) return true;
            else return false;
        }
    }
    bool Dead
    {
        get
        {
            return Energy < 0 || Age > MatureSize;
        }
    }

    void Grow()
    {
        if (Size > MatureSize) return;
        Energy = Energy / 2;
        Size += GrowthRate * Random.value;
        TransformSize();
    }
```

```
    void Reproduce()
    {
        var vec = Random.insideUnitCircle * SeedSpreadRadius
                + new  Vector2(transform.position.x, transform.position.z);
                Instantiate(SeedlingSpawn, new Vector3(vec.x,0,vec.y),
                Quaternion.identity, Environment);
        Energy = Energy / 2;
    }
}
```

5. 앞에 나온 코드는 대부분 따라서 해 볼 수 있을 정도로 간단하지만, 나중에 우리는 Reproduce 메서드를 자세히 살펴볼 것이다. 유니티를 처음 접하는 사람들은 오브젝트가 시작될 때 Start가 호출되고, 모든 렌더링 프레임을 호출할 때마다 Update가 호출된다는 것을 기억해야 한다. Update 메서드를 자세히 살펴보면 식물의 전체 수명주기를 표시한다. 다양한 에디터 필드들에 대한 부분은 Header 속성을 노출하고 사용하려고 한다. 편집이 끝나면 스크립트를 저장하고 유니티로 돌아가서 컴파일러 오류가 나지 않는지 확인하라.

6. Plant 스크립트를 Plant 오브젝트에 부착하라. 스크립트를 드래그하거나 Add Component를 사용해 이 작업을 수행할 수 있다. 여러분이 적당한 방식을 선택하면 된다. 이렇게 하면서 또한 Rigid Body와 Capsule Collider 컴포넌트를 추가하라. 다음 화면과 일치하도록 다양한 스크립트 컴포넌트의 속성을 편집한다:

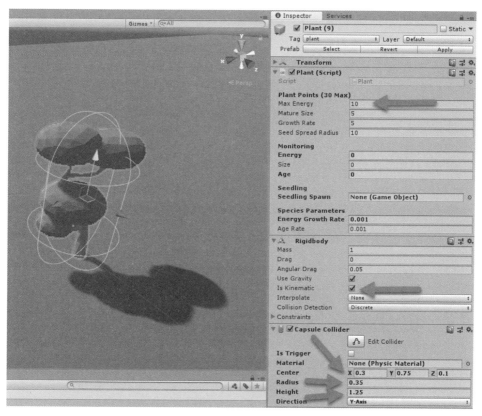

식물 컴포넌트 속성 설정

7. 코드 에디터로 Plant 스크립트를 연 다음 Reproduce 메서드까지 스크롤해 보라. 이 메서드가 호출되면 식물은 Instantiate를 호출해 새 모종을 생성한다. Instantiate는 프리팹(prefab)이라는 유니티 템플릿 오브젝트를 기반으로 씬에 새로운 게임 오브젝트를 만든다. 프리팹은 유니티 개발의 초석이며 모든 개발 활동을 위한 재사용 가능 오브젝트를 생성한다.

TIP 다음에 나오는 부분은 까다롭고 주의를 기울여야 할 수도 있다. 여러분을 좌절하게 하는 게 있다면, 책의 소스 코드에서 이 예제를 살펴보라.

8. 하이어라키 창의 Plant 오브젝트를 선택하고 프로젝트 창의 Assets/Terrarium/Prefabs 폴더로 드래그해 새 Plant 프리팹을 만든다.

9. 새 Plant 프리팹을 끌어서 Plant 오브젝트에 대한 인스펙터 창의 Plant (Script) 컴포
   넌트 내 Seedling Spawn<sup>모종 배양기</sup>라는 이름으로 된 게임 오브젝트 필드로 끌어다 놓는
   다. 이것은 Plant와 그 자체 또는 배양기와의 순환 관계를 형성한다. 즉, Plant는 항상
   자신을 닮은 것을 낳는다.

10. 순환적 관계로 Plant 프리팹을 업데이트하려면 인스펙터 창의 상단에서 Prefab 부분
    의 Apply 버튼을 누른다. 우리의 테라리엄에 있는 단일 식물로, 우리는 이제 예제를 실
    행할 수 있다.

11. Play 버튼을 누르고 식물이 여러 식물로 변하는 것을 지켜보면 식물들이 화면과 같이
    점차 테라리엄을 차지해 나간다.

식물은 테라리엄에서 자란다.

이 시점에서 방금 만든 단일 식물을 사용하거나 우리가 내려받은 폴리 툰 자연 프리팹들을 사
용해 다른 식물 유형을 만들 수 있다. 이렇게 할 때는 새로운 식물 종마다 심을 자리를 다르게
해서 다양성을 띄게 해야 한다는 점을 명심하라.

이제 우리는 식물 문제가 있음을 입증했는데, 우리의 경우에는 좋은 것이, 우리의 첫 번째 생물
에이전트인 초식 동물은 생존을 위해 식물을 소비해야 하기 때문에 다음 절에서 초식 동물을
만드는 데 빠져 볼 것이다.

## 구조를 기다리는 초식 동물

초식 동물은 테라리엄에 사는 법을 학습하는 가장 기본적인 에이전트가 될 것이다. 초식 동물은 식물을 섭취함으로써 번성하게 되는데, 식물이 성장과 번식을 위한 에너지를 공급하기 때문이다. Herbivore<sup>초식동물</sup> 에이전트 스크립트를 만들 때 Plant 스크립트를 작성하는 데 사용했던 것과 동일한 기본 패턴을 몇 가지 따라갈 수 있다. 유니티를 열고 다음 예제를 따라 Herbivore 에이전트 스크립트를 코딩하라.

1. Assets/Terrarium/Scripts 폴더에 CreatureAgent<sup>생물 에이전트</sup>라는 새 스크립트를 만들고 선택한 에디터에서 연다. 다행히 하나의 CreatureAgent 스크립트로 일반화하면 각기 다른 유형의 에이전트마다 다른 스크립트를 작성할 필요가 없다.

2. 이 스크립트의 각 부분은 빌드할 때 자세히 살펴볼 것이다. 다음 코드 줄을 입력하라.

```
using UnityEngine;[9]
public enum CreatureType
{
    Herbivore,
    Carnivore
}

public class CreatureAgent : Agent
{
    [Header("Creature Type")]
    public CreatureType CreatureType;

    [Header("Creature Points (100 Max)")]
    public float MaxEnergy;
    public float MatureSize;
    public float GrowthRate;
    public float EatingSpeed;
    public float MaxSpeed;
    public float AttackDamage;
    public float DefendDamage;
```

---

9 (옮긴이) 유니티 2018 이전 버전을 사용하고 있다면, 이 문장 다음에 using MLAgents; 문이 필요할 수도 있다.

```
    public float Eyesight;

    [Header("Monitoring")]
    public float Energy;
    public float Size;
    public float Age;
    public string currentAction;

    [Header("Child")]
    public GameObject ChildSpawn;

    [Header("Species Parameters")]
    public float AgeRate = .001f;
    private GameObject Environment;
    private Rigidbody agentRB;
    private float nextAction;
    private bool died;
    private RayPerception rayPer;
    //private TerrariumAcademy academy;
    private int count;
    private Vector2 bounds;

    private void Awake()
    {
        AgentReset();
    }
}
```

3. 앞의 모든 코드는 대부분 public 필드와 private 필드이지만 처음에 나오는 CreatureType
이라는 열거형에 유의하라. 생물 유형(type of creature)을 설정하게 되면 다른 생물 유
형에 특정되는 특별한 로직도 제어하게 된다. 물론 나중에 다른 생물 유형들을 추가할 수
있다. 그런 다음 **Academy**에서 이 에이전트를 자동으로 등록하고 제어하기를 원하기
때문에 Agent에서 CreatureAgent를 확장한다. 마지막 부분에는 오브젝트가 시작될 때 호
출되는 Awake 메서드가 있는데, 이 메서드는 에이전트를 재설정한다.

**4.** 다음으로 Agent를 재정의(override)하는 데 필요한 모든 메서드를 다음과 같이 추가한다.

```
public override void AgentReset()
{
    Size = 1;
    Energy = 1;
    Age = 0;
    bounds = GetEnvironmentBounds();
    var x = Random.Range(-bounds.x, bounds.x);
    var z = Random.Range(-bounds.y, bounds.y);
    transform.position = new Vector3(x,  1,  z);
    TransformSize();
    InitializeAgent();
}


public override void AgentOnDone()
{ }


public override void InitializeAgent()
{
    base.InitializeAgent();
    rayPer = GetComponent<RayPerception>();
    agentRB = GetComponent<Rigidbody>();
    currentAction = "Idle";
}


public override void CollectObservations()
{
    float rayDistance = Eyesight;
    float[] rayAngles = { 20f, 90f, 160f, 45f, 135f, 70f, 110f };
    string[] detectableObjects = { "plant", "herbivore", "carnivore" };
    AddVectorObs(rayPer.Perceive(rayDistance, rayAngles, detectableObjects, 0f, 0f));
    Vector3 localVelocity = transform.InverseTransformDirection(agentRB.velocity);
    AddVectorObs(localVelocity.x);
    AddVectorObs(localVelocity.z);
    AddVectorObs(Energy);
```

```
        AddVectorObs(Size);
        AddVectorObs(Age);
        AddVectorObs(Float(CanEat));
        AddVectorObs(Float(CanReproduce));
    }

    private float Float(bool val)
    {
        if (val) return 1.0f;
        else return 0.0f;
    }

    public override void AgentAction(float[] vectorAction, string textAction)
    {
        //행동 공간에 필요한7개float형 값
        // 0 = 이동(Move)
        // 1 = 포식(Eat)
        // 2 = 번식(Reproduce)
        // 3 = 공격(Attack)
        // 4 = 방어(Defend)
        // 5 = 이동 순서(move orders)
        // 6 = 회전(rotation)
        if (vectorAction[0] > .5)
        {
            MoveAgent(vectorAction);
        }
        else if (vectorAction[1] > .5)
        {
            Eat();
        }
        else if (vectorAction[2] > .5)
        {
            Reproduce();
        }
        else if (vectorAction[3] > .5)
        {
            //Attack();
        }
```

```
        else if (vectorAction[4] > .5)
        {
            //Defend();
        }
    }
```

**5.** 앞의 코드에 대해 주의해야 할 몇 가지 중요한 사항은 CollectObservations[10] 및 AgentAction[11] 메서드다. CollectObservations는 이전에 본 기술을 사용해 에이전트 상태를 수집하는 곳이다. AgentAction에서 일곱 가지 가능한 조치 값을 확인해 의사결정 후 에이전트가 취할 조치를 판별한다.

**6.** 다음과 같이 Update 및 FixedUpate 메서드를 추가한다.

```
void Update()
{
    if (OutOfBounds)
    {
        AddReward(-1f);
        Done();
        return;
    }
    if (Buried)
    {
        Done();
    }
    if (Dead) return;
    if (CanGrow) Grow();
    if (CanReproduce) Reproduce();
    Age += AgeRate;
    MonitorLog();
}
```

---

**10** (옮긴이) 즉, 수집한 관측 내용들.

**11** (옮긴이) 즉, 에이전트의 행동.

```
public void FixedUpdate()
{
    if (Time.timeSinceLevelLoad > nextAction)
    {
        currentAction = "Deciding";
        RequestDecision();
    }
}
```

7. Update 메서드는 Plant 스크립트의 Update 메서드와 유사하며 에이전트의 생명주기를 포함한다. FixedUpdate 메서드는 에이전트가 다른 결정을 내릴 준비가 되었는지를 계속 확인한다. RequestDecsion에 대한 호출을 사용해 의사결정 시간을 시뮬레이션하고 주문형 의사결정을 사용해 시뮬레이션 성능을 향상시키는 방법으로 이를 수행한다.

8. 다음으로 MonitorLog라는 또 다른 메서드를 추가하면 되는데, 이 메서드는 살아있는 생물의 상태를 시각화할 수 있게 해준다. 다음 코드를 입력하라:

```
public void MonitorLog()
{
    Monitor.Log("Action", currentAction, MonitorType.text, transform);
    Monitor.Log("Size", Size / MatureSize, MonitorType.slider, transform);
    Monitor.Log("Energy", Energy / MaxEnergy, MonitorType.slider, transform);
    Monitor.Log("Age", Age / MatureSize, MonitorType.slider, transform);
}
```

9. 유니티 팀은 Monitor.Log라는 좋은 방법을 제공해 에이전트에 대한 통계를 빠르게 볼 수 있게 했다. 이 모니터링 함수를 사용하는 방법에 대한 자세한 내용은 유니티 문서를 확인하라.

10. 마지막으로 다음과 같이 나머지 코드를 추가한다:

```
public bool OutOfBounds
{
    get
    {
        if (transform.position.y < 0) return true;
```

```
        if (transform.position.x > bounds.x || transform.position.x < -bounds.x ||
            transform.position.y > bounds.y || transform.position.y < -bounds.y)
            return true;
        else
            return false;
    }
}

void TransformSize()
{
    transform.localScale = Vector3.one * Mathf.Pow(Size,1/2);
}

bool CanGrow
{
    get
    {
        return Energy > ((MaxEnergy / 2) + 1);
    }
}

bool CanEat
{
    get
    {
        if(CreatureType == CreatureType.Herbivore)
        {
            if (FirstAdjacent("plant") != null) return true;
        }
        return false;
    }
}

private GameObject FirstAdjacent(string tag)
{
    var colliders = Physics.OverlapSphere(transform.position, 1.2f * Size);
    foreach (var collider in colliders)
    {
```

```csharp
            if (collider.gameObject.tag == tag)
            {
                return collider.gameObject;
            }
        }
        return null;
    }

    bool CanReproduce
    {
        get
        {
            if (Size >= MatureSize && CanGrow) return true;
            else return false;
        }
    }

    bool Dead
    {
        get
        {
            if (died) return true;
            if (Age > MatureSize )
            {
                currentAction = "Dead";
                died = true;
                Energy = Size; // 생물의 크기가 에너지로 변환된다.
                AddReward(.2f);
                Done();
                return true;
            }
            return false;
        }
    }

    bool Buried
    {
```

```
    get
    {
        Energy -= AgeRate;
        return Energy < 0;
    }
}

void Grow()
{
    if (Size > MatureSize) return;
    Energy = Energy / 2;
    Size += GrowthRate * Random.value;
    nextAction = Time.timeSinceLevelLoad + (25 / MaxSpeed);
    currentAction ="Growing";
    TransformSize();
}

void Reproduce()
{
    if (CanReproduce)
    {
        var vec = Random.insideUnitCircle * 5;
        var go = Instantiate(ChildSpawn, new Vector3(vec.x, 0, vec.y),
                          Quaternion.identity, Environment.transform);
        go.name = go.name + (count++).ToString();
        var ca = go.GetComponent<CreatureAgent>();
        ca.AgentReset();
        Energy = Energy / 2;
        AddReward(.2f);
        currentAction ="Reproducing";
        nextAction = Time.timeSinceLevelLoad + (25 / MaxSpeed);
    }
}

public void Eat()
{
    if (CreatureType == CreatureType.Herbivore)
    {
```

```
            var adj = FirstAdjacent("plant");
            if (adj != null)
            {
                var creature = adj.GetComponent<Plant>();
                var consume = Mathf.Min(creature.Energy, 5);
                creature.Energy -= consume;
                if (creature.Energy < .1) Destroy(adj);
                Energy += consume;
                AddReward(.1f);
                nextAction = Time.timeSinceLevelLoad + (25 / EatingSpeed);
                currentAction = "Eating";
            }
        }
    }

    public void MoveAgent(float[] act)
    {
        Vector3 rotateDir = Vector3.zero;
        rotateDir = transform.up * Mathf.Clamp(act[6], -1f, 1f);
        if(act[5] > .5f)
        {
            transform.position = transform.position + transform.forward;
        }
        Energy -= .01f;
        transform.Rotate(rotateDir, Time.fixedDeltaTime * MaxSpeed);
        currentAction = "Moving";
        nextAction = Time.timeSinceLevelLoad + (25 / MaxSpeed);
    }

    private Vector2 GetEnvironmentBounds()
    {
        Environment = transform.parent.gameObject;
        var xs = Environment.transform.localScale.x;
        var zs = Environment.transform.localScale.z;
        return new Vector2(xs, zs) * 10;
    }
```

이것은 코드 중 큰 덩어리여서 어려운 것처럼 보일 수 있지만 비교적 모두 간단하다. 이 것이 우리가 필요로 하는 모든 코드는 아니지만, 지금은 이게 적당할 것이다.

11. 유니티 예제들에서 `MoveAgent` 메서드를 가져온 것이므로 친숙할 수 있다. 차이점은 물리 코드를 제거해 단순하게 유지한다는 점이다. `Eat` 및 `FirstAdjacent` 메서드는 모든 행동 이 발생하는 곳이다. 생물이 포식하기로 결심하였는데, 생물이 `Herbivore` 유형인 경우, 첫 번째 인접한 물체, 즉 콜라이더가 충돌하고 있는 인접 오브젝트를 찾는다. 인접한 물 체가 'plant' 유형이면 즐겁게 먹는다. `FirstAdjacent` 메서드는 `SphereCast`를 사용해 인접 한 오브젝트를 판별하는 충돌 감지기이다.

12. 스크립트를 저장하고 유니티로 돌아가서 컴파일 오류가 없는지 확인하라.

`CreatureAgent` 스크립트의 `Herbivore` 부분이 완성되었다. 코드가 어떻게 작동하는지 잘 이해 할 수 있도록 코드를 읽으라. 다음 단원에서는 `Herbivore` 생물을 씬에 추가하고 훈련을 시작 한다.

## 초식 동물 구축

테라리움 2002 버전에서는 개발자가 직접 브레인을 코딩해야 했으며, 때로는 수천 줄이나 되 는 코드도 생겨났다. 그러나 ML-Agents 도구를 사용하면 심층강화학습을 사용해 생물 프로 그램을 프로그래밍하거나 자체 솔루션을 구축할 수 있다. 유니티를 열어 **Terrarium** 씬을 준 비하고 초식동물을 만들 수 있게 다음을 따라 하라:

1. 하이어라키 창에서 **Academy** 오브젝트를 마우스 오른쪽 버튼으로 클릭한다. 컨텍스트 메뉴에서 **Create Empty**를 선택하라. 새 오브젝트의 이름을 `HerbivoreBrain`으로 바 꾼다.

2. 이 오브젝트에 Brain (Script) 컴포넌트를 추가하고[12] 다음과 같이 속성을 설정한다.

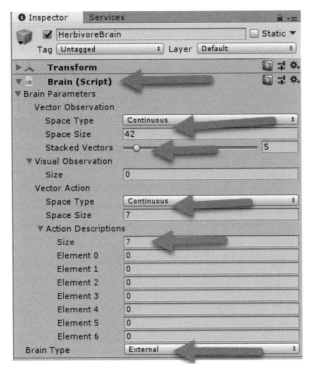

HerbivoreBrain 속성 설정

3. 하이어라키 창의 Environment 오브젝트에서 새로운 빈 오브젝트를 만들고 이름을 Herbivore로 지정하라.

4. 프로젝트 창의 Assets/_Gloomy_Animal/Meshes 폴더에서 Chicken 모델을 끌어서 하이어라키 창에서 Herbivore 오브젝트의 자식으로 놓는다.

---

12 (옮긴이) HerbivoreBrain 오브젝트를 선택해서 나온 인스펙터 창에서 Add Component 버튼을 누르고, 나온 검색 창에서 Brain이라고 입력하면 해당 컴포넌트를 찾을 수 있다.

5. Box Collider, Rigid Body 및 Ray Perception 컴포넌트를 Herbivore 오브젝트에 추가하고 구성한다. 다음 화면과 같다.

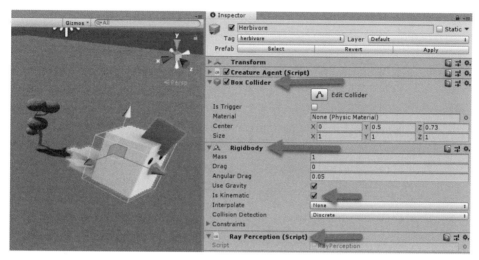

물리 법칙에 따라 행동하는 닭이 되게 함

6. 이것은 물리 법칙에 따라 행동하는 닭이 되게 한다. 우리는 이 버전에 Is Kinematic<sup>동역</sup>학 적용 여부 설정을 사용해 작업을 단순하게 유지한다. 이 버전에서 물리학을 사용하면 물체가 서로 인접해 있는지를 결정하는 일을 더 수월하게 할 수 있다.

> 3차원 세계관에서 말한다면, 동역학(Kinematic)은 물리적 시뮬레이션에서 고정되거나 정지 상태인 것을 가리키는 한 가지 방식이다. 물론 오브젝트는 코드나 유니티의 물리적 영역 밖으로 이동할 수 있다.

7. 물리학을 계속 사용하면서, Herbivore 오브젝트에 대한 인스펙터 창의 상단에 있는 Tag라는 드롭다운을 클릭하고 드롭다운 메뉴의 제일 아래 쪽에 보이는 Add Tags…를 클릭해서 새로운 herbivore, carnivore 및 plant 태그를 만든다. 그러고 나서 다시 같은 드롭다운 메뉴를 펼친 후에 다음 화면과 같이 herbivore 태그를 켜짐(on)으로 설정하라.

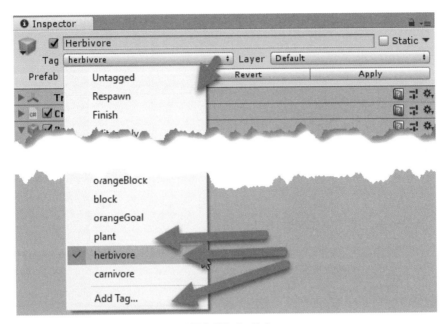

생물을 위한 태그 추가

8. 태그는 물리 엔진에서 사용되어 오브젝트 유형별로 신속하게 필터링하는 데 쓰인다. 이렇게 하지 않으면 대부분의 물리적 질의가 있는 경우 목록상의 모든 오브젝트를 대상으로 검사를 실행해야 하므로 그리 효율적이지는 않다.

9. Herbivore에 CreatureAgent 스크립트를 추가하고 다음 화면에 표시된 것과 같은 속성을 설정하라.[13]

---

13 (옮긴이) 이 속성들 중에 Child Spawn 속성에 Herbivore라는 프리팹을 넣으려면 먼저 이 프리팹을 만들어 두어야 한다. 이 프리팹을 만드는 방법은 앞서 나온 Plant 프리팹을 만드는 방법을 참고하면 된다. 즉, 오브젝트 창에 있는 Herbivore를 끌어다가 프로젝트 창의 Terarrium/Prefabs 폴더로 놓으면 프리팹이 만들어지고, 이렇게 만들어진 Herbivore 프리팹을 다시 끌어다가 인스펙터 창 내 Chile Spawn 속성의 빈 칸에 놓으면 된다. 이 내용이 10단계에도 설명되어 있다.

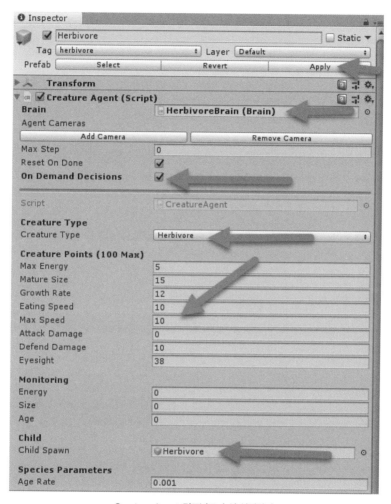

Creature Agent 컴포넌트 속성 설정하기

**10.** Herbivore를 위한 Plant를 프리팹으로 바꾸기 위해 했던 것과 같은 단계를 따라, Child Spawn 자체를 설정한 후 프리팹을 다시 적용(Apply 버튼 클릭)하라.

이렇게 하면 기본적인 초식 동물이 만들어진다. 이제 이 생물을 다시 수정해 다른 점, 모델 또는 원하는 것을 시도할 수 있다. 다음 단원에서 우리는 초식 동물을 훈련시킬 것이다.

## 초식 동물 훈련

이 단계에서 이뤄지는 훈련이 여러분에게 제2의 천성이 될 정도여야 하며 우리는 간단히 살펴보고 넘어갈 것이다. 직전 상황에 맞게 유니티를 열어 훈련을 시작하자:

1. Terrarium 씬과 프로젝트가 저장되었는지 확인하라.

2. 메뉴에서 **File | Build Settings...**을 선택한다. **Terrarium** 씬이 외부 훈련을 위한 빌드 환경의 유일한 씬인지 확인하라. 지금까지 사용해 온 유니티 ML-Agents 프로젝트를 여전히 사용하고 있으므로 이 일에 주의를 기울여야 한다.

3. 항상 그렇듯이 'python' 폴더에 외부 훈련용 게임을 빌드하라.

4. 비주얼 스튜디오 코드나 그 밖에 여러분이 선호하는 텍스트 에디터를 사용해 ml-agents/python 폴더에 있는 trainer_config.yaml 파일을 연다.

5. 새로운 브레인 구성인 HerbivoreBrain을 추가하고 여기에 표시된 텍스트를 파일의 맨 아래에 추가하라.

```
HerbivoreBrain:
use_recurrent: true
sequence_length: 64
num_layers: 1
hidden_units: 128
memory_size: 512
beta: 1.0e-2
gamma: 0.99
num_epoch: 3
buffer_size: 1024
batch_size: 128
max_steps: 5.0e5
summary_freq: 500
time_horizon: 128
```

6. HerbivoreBrain은 기본적으로 HallwayBrain을 복제한 것이다.

7. 파이썬 또는 아나콘다 프롬프트를 열고 ml-agent를 활성화하라. 그런 다음 cd ml-agents 명령과 같은 효과를 내는 일을 하라.

8. 다음 명령을 사용해 훈련기를 실행하라:

```
python python/learn.py python/python.exe --run-id=terrarium1 --train --slow
```

9. 초식 동물을 훈련할 때 씬을 이리저리 둘러보려면 LookCamera와 그 특수 키를 사용하라. 다음은 테라리엄에 있는 여러 가지 닭과 식물을 보여주는 화면이다.

우리에게는 지금 닭(초식 동물)과 관련된 문제가 있는 것 같다.

여러분이 식물을 얼마나 빨리 자라게 하느냐에 따라 엄청나게 많은 닭이 생기는 문제가 빠르게 일어나는 것을 볼 수 있다. 초식 동물이 늘어나고 곧 멸종될 때 어떤 일이 일어나는지 지켜보라. 육식 동물, 재해 등과 같은 다른 견제와 균형을 위한 것이 아니라면 자연스럽게 벌어지는 일일 수도 있다. 우리는 다음 단원에서 테라리엄에 더 자연스러운 삶의 균형을 추가하기 위해 육식 동물을 보태는 방법을 살펴볼 것이다.

## 육식 동물: 사냥꾼

번창하는 세계를 만드는 데 있어서 균형을 잡으려는 시도는 초창기 테라리엄에서 당면한 어려움 중 하나였다. 사실, 가장 도전적인 생물은 놀랄 것도 없이 육식 동물이었다. 육식 동물은 먹이 사슬의 맨 위에 있으며 그 목적은 초식 동물을 먹는 것이다. 현실 세계와 다르지 않게, 이런 일이 두 에이전트 모두의 훈련에 실제로 도움이 된다. 육식 동물을 추가하려면 먼저 CreatureAgent 스크립트에 코드를 추가해야 한다. 육식 동물에 대한 CreatureAgent 스크립트를 수정하려면 다음 예제를 따르라.

1. 좋아하는 코드 에디터에서 CreatureAgent 스크립트를 연다.

2. AgentAction 메서드를 수정하고 공격(Attack) 및 방어(Defend) 행동의 주석 처리를 다음과 같이 제거한다:

```
public override void AgentAction(float[] vectorAction, string textAction)
{
    // 행동 공간에 필요한 7개 float형 값
    // 0 = 이동(move)
    // 1 = 포식(eat)
    // 2 = 번식(reproduce)
    // 3 = 공격(attack)
    // 4 = 방어(defend)
    // 5 = 이동 순서(move orders)
    // 6 = 회전(rotation)
    if (vectorAction[0] > .5)
    {
        MoveAgent(vectorAction);
    }
    else if (vectorAction[1] > .5)
    {
        Eat();
    }
    else if (vectorAction[2] > .5)
    {
        Reproduce();
    }
```

```
        else if (vectorAction[3] > .5)
        {
            Attack();
        }
        else if (vectorAction[4] > .5)
        {
            Defend();
        }
    }
```

3. 다음으로 Attack 메서드는 두 생물에 대한 공격과 방어 행동을 처리해야 한다. Attack 메
   서드를 다음과 같이 코딩하라:

```
void Attack()
{
    float damage = 0f;
    currentAction = "Attack";
    nextAction = Time.timeSinceLevelLoad + (25 / MaxSpeed);
    var vic = FirstAdjacent("herbivore").GetComponent<CreatureAgent>();
    if (vic != null)
    {
        if (vic.currentAction == "Defend")
        {
            damage = ((AttackDamage * Size) - (vic.DefendDamage * vic.Size)) /
                        (Size * vic.Size);
        }
        else
        {
            damage = ((AttackDamage * Size) - (1 * vic.Size)) / (Size * vic.Size);
        }
    } else {
        vic = FirstAdjacent("carnivore").GetComponent<CreatureAgent>();
        if (vic != null)
        {
            if (vic.currentAction == "Attack")
            {
                damage = ((AttackDamage * Size) - (vic.AttackDamage * vic.Size)) /
                            (Size * vic.Size);
```

```
        } else {
            damage = ((AttackDamage * Size) - (vic.DefendDamage * vic.Size)) /
                    (Size * vic.Size);
        }
    }
}
if(damage > 0)
{
    vic.Energy -= damage;
    if (vic.Energy < 0)
    {
        AddReward(.25f);
    }
}
else if(damage < 0)
{
    Energy -= damage;
}
Energy -= .1f;
}
```

4. 앞에 나온 논리 중 대부분은 매우 간단하지만 몇 가지 부분들을 언급하는 게 좋겠다. 먼저, 초식 동물과 육식 동물에 대한 피해 계산의 차이점에 주목하라. 초식 동물은 자신을 지키려고만 할 수 있으므로 방어만 사용지만 육식 동물은 무언가를 잡아먹지 않을 때는 방어를 사용하고 무언가를 잡아먹으려고 할 때는 공격을 사용할 수 있다. 둘째, 우리는 한 생물이 다른 생물을 죽일 때 상당한 보상을 추가한다. 이런 행위가 피에 굶주린 것처럼 보일 수 있지만, 우리는 살생자를 훈련시키기 위해 그렇게 해야 한다. 더 평화로운 테라리엄을 원한다면 이 보상을 사용해 플레이하는 데 주저하지 마라.

마이크로소프트 테라리엄의 원본 소스를 찾을 수 없으므로 여기 나오는 규칙 계산이 임의적일 수 있다. 원본 코드를 갖고 있다면 저자에게 알려주기 바란다.

5. 마지막으로 다음과 같이 새로운 Defend 메서드를 추가한다.

```
void Defend()
{
    currentAction = "Defend";
    nextAction = Time.timeSinceLevelLoad + (25 / MaxSpeed);
}
```

6. Defend 메서드는 매우 간단하며 모든 것을 방어하기 위해 설정한다.

7. 파일을 편집하고 난 후에 저장해야 한다는 점을 잊지 말고, 유니티로 돌아가라. 컴파일러 오류가 없는지 확인하라.

CreatureType이 육식 동물인 것을 지원하기 위해 CreatureAgent 파일에서 필요한 코드를 변경했으므로 다음 단원에서 우리는 테라리엄에서 육식 동물을 만들 것이다.

## 육식 동물 구축

육식 동물(carnivore) 구축 작업은 우리가 식물과 초식 동물을 위해 사용한 것과 동일한 패턴을 따를 것이다. 유니티를 열고 다음 예제를 따라 육식 동물을 씬에 넣으라:

1. 하이어라키 창에서 **HerbivoreBrain**을 선택하고 Ctrl + D(macOS에서는 Command + D)를 입력해 오브젝트를 복제하라. 새 오브젝트의 이름을 CarnivoreBrain으로 바꾼다.

2. **Herbivore**라고 하는 생물 에이전트 오브젝트를 복제하고 새 오브젝트의 이름을 **Carnivore**로 바꾼다.

3. **Carnivore** 오브젝트를 열고 **Chicken** 모델을 선택하라. 모델을 삭제하려면 Delete를 타이핑하라.

4. Assets/_Gloomy_Animal/Meshes 폴더에서 **Dragon**(용) 프리팹을 드래그해 하이어라키 창의 **Carnivore** 오브젝트 위에 놓는다.

5. 다음 화면과 같이 모든 **Carnivore** 컴포넌트의 속성을 설정한다:

Dragon(Carnivore) 속성 설정

6. Assets/Terrarium/Prefabs 폴더에 Carnivore 프리팹을 만들고 Child Spawn 속성을 설정하라.

7. 오브젝트의 균형을 맞추기 위해 우리의 육식 동물은 하나 이상의 초식 동물을 포식해야 한다. 그러므로 더 많은 초식 동물과 식물을 복제하라. 초식 동물 다섯 마리, 식물 다섯 개, 육식 동물 한 마리가 시작하기에 좋은 균형점이다.

8. Build Settings 대화 상자로 가서 외부 훈련용 씬을 빌드하라.

육식 동물을 테라리엄에 집어넣는 모든 과정은 여러분이 어떤 연습을 했다는 점을 생각하면 아주 빨리 진행되어야 한다. 그 다음 단원에서는 육식 동물을 훈련시키고 전체 모드로 테라리엄을 운영한다.

## 육식 동물 훈련

이미 짐작할 수 있듯이 육식 동물 훈련은 우리가 식물 포식자[14]를 처리한 방법에 꽤 가깝다. 육식 동물을 훈련시키기 위해 이 예제를 따르라:

1. 비주얼 스튜디오 코드 또는 다른 텍스트 에디터를 열고 trainer_config.yaml 파일을 로드하라.

2. 다음 코드와 같이 CarnivoreBrain 설정(본질적으로 HerbivoreBrain 설정의 복제본)을 파일의 끝에 추가한다.

```
CarnivoreBrain:
    use_recurrent: true
    sequence_length: 64
    num_layers: 1
    hidden_units: 128
    memory_size: 512
    beta: 1.0e-2
    gamma: 0.99
    num_epoch: 3
    buffer_size: 1024
    batch_size: 128
    max_steps: 5.0e5
    summary_freq: 500
    time_horizon: 128
```

3. 편집이 끝나면 파일을 저장하라.

---

**14** (옮긴이) 즉, 초식 동물.

4. 파이썬 또는 아나콘다 프롬프트를 열고 ml-agents를 활성화하라. ml-agents 폴더로 변경하라.

5. 다음 명령을 사용해 훈련기를 실행하라.

```
python python/learn.py python/python.exe --run-id=terrarium2 --train --slow
```

6. 균형을 아주 빨리 잡지 못할 수도 있다는 점을 알게 될 것이다. 이것은 여러분이 하고자 한다면 육식 동물을 조금 더 훈련해 지능을 더 키워야 하기 때문이다. 우리는 종종 포식자의 사고 능력이 더 크다는 사실을 알고 있다.

7. 카메라를 돌리고 용(육식 동물)이 사냥을 어떻게 하는지 지켜보라. 시간이 걸릴 수도 있고 몇 번이나 죽을 수도 있다. 다음 화면은 실행 중인 예제 테라리엄을 보여준다.

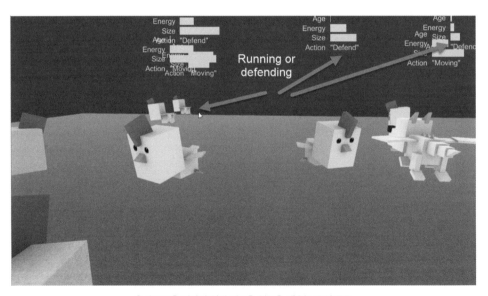

육식 동물을 피하기 위해 새로운 행동을 배우는 초식 동물

초식 동물은 잡아먹히지 않기 위해 새로운 전략을 선택하기 시작한다. 앞서 나온 요약에서, 여러분은 초식동물이 무서운 용에게서 어떻게 달아나는지를 볼 수 있다.

이게 이 예제를 위해 우리가 바친 모든 시간의 결론이지만, 그러나 실제로는 끝나지 않았다. 주저하지 말고 이것을 프로젝트에 추가하고 친구들과 공유하라. 오래전에 있었던 마이크로소프트 테라리엄 콘테스트와 마찬가지로 테라리엄의 에이전트와 경쟁하고 경쟁할 수 있는 대회를 만들 수도 있다. 마지막 단원에서는 새로운 지식으로 발전하기 위해 학습 및 기타 영역을 어떻게 진행할 수 있는지를 논의할 것이다.

## 다음 단계들

여러분은 즉각적인 다음 단계는 물론 이번 장에 마지막으로 나온 부분과 이전에 나온 여러 장의 권장 예제를 완료해야 한다. 실천보다 학습을 강화하는 더 좋은 방법은 없다. 우리가 만든 학습 에이전트를 보면 이 점을 알 수 있다. 시간이 있다면 ML-Agents를 사용해 새로운 사례를 만들거나 사용하라.

이 책으로 학습하는 범위 밖으로 나온 여러분은 이제 막 프로그래밍의 새로운 물결 속에서 여행을 시작한 셈이다. 가까운 미래(25년 정도)에 프로그래밍이 잃어버린 기예가 된다고 해도 놀랄 일은 아니다. 결론부터 말하자면 여러분이 코드 한 뭉치를 작성하겠는가 아니면 여러분보다 코드를 더 빠르게 더 잘 작성할 뿐만 아니라 자동으로 테스트까지 하는 에이전트를 작성하겠는가? 맞다. 경쟁이 안 된다. 그러므로 30세 미만인 사람이 이 책을 읽고 있다면 남은 생애 동안 프로그래밍을 배울 생각을 하기보다는, 프로그래밍 에이전트를 가르치는 일에 관심을 두라.

이를 염두에 두고 강화학습과 머신러닝 경력 전반에 걸쳐 제대로 숙달하려면 어떤 기술을 추구해야 할까? 다음은 ML-Agents를 가르치는 직업을 얻는 데 가장 많이 요구되는 기술 목록이다.

- **수학**: 수학이 어려울 수도 있지만 머신러닝의 왕도다. 적어도 다음 같은 지식이 있어야 한다.
  - 확률 및 통계(기초적인 수준)
  - 미적분
  - 3D
  - 텐서 미적분 및 선행 지식

- **데이터 과학**: 복잡한 모델을 구축할 때까지 기본을 훈련하는 무료 과정과 자료가 온라인에 많이 있다. 강좌나 서적을 구입하는 데 드는 시간을 절약할 수 있으므로 그런 선택지도 고려하라.

- **신경망 및 딥러닝**: 다시 말하지만, 기본적인 내용을 가르쳐 줄 수 있는 온라인 자료가 많지만, 싼 게 비지 떡인 만큼 배우려면 기꺼이 투자해야 한다.
- **강화학습**: 강화학습은 빠르게 진화하고 있으며, 이 책에 실린 기술 중 일부는 곧 사라질 수 있다. 그러므로 강화학습으로 일하려면 혁신되는 기술을 끊임없이 배워야 할 것이라는 점을 믿어야 한다.

자신의 능력을 키우는 데 평생이 걸릴 것이므로 언제나 배울 준비를 해야 한다. 그동안 새 과업을 ML-Agents로 할 생각이라면, 생각해 볼 점은 다음과 같다:

- **자율주행 및 로봇**: 우리는 왜 로봇 제조업체들이 자신의 로봇을 조종하는 것일까? 진지하게 말하자면, 지능을 추가하는 일도 큰 도전이 아닌가? 로봇 워(RobotWars)[15]에 쓸 만한 인공지능 정도는 될까? 어떤 경우이든 유니티는 여러 시나리오에서 로봇 에이전트의 훈련을 시뮬레이션할 수 있는 함수를 제공한다.
- **게임**: 물론, 사람들이 에이전트를 훈련하는 게임은 어떨까? 아마도 90년대에 다뤄진 작은 다마고찌(Tamagochi) 장치와 다를 바 없어 보인다.
- **AR/VR/MR**: 이러한 기술을 실제 경험과 통합하면 증강된 에이전트가 일상적인 활동에서 사람을 도울 수 있는 방법을 제공받을 수 있다.
- **산업용 시뮬레이션과 산업용 증강현실**: 업계에서는 3D의 능력뿐만 아니라 다양한 광범위하고 다양한 플랫폼을 완벽하게 지원할 수 있는 능력을 유니티가 지니고 있다는 점을 알아가고 있다. 이로 인해 창고에서 병원에 이르는 사내업무용 애플리케이션 및 산업용 애플리케이션의 새로운 성장 추세가 발생했다. 이런 모든 일도 똑똑한 에이전트가 쓰이는 시나리오의 잠재적인 후보자이다.

위의 예는 실제로 가능한 일의 시작일 뿐이며 이 시점에서는 여러분의 상상력이 유일한 한계이다. 우리는 나머지를 여러분에게 맡기고 여러분이 여러분의 학습 여정을 즐기기를 바란다.

 나는 독자가 개발한 프로젝트에 관한 소식을 늘 듣게 되어 기쁘다. 링크드인에서 마이클 랜햄(Micheal Lanham)(이름의 철자에 유의하라)을 찾아보고 여러분이 개발한 콘텐츠를 공유해 주기 바란다.

---

**15** (옮긴이) 로봇 대전 형식으로 방영되었던 영국 텔레비전 프로그램

# 연습문제

다음 연습문제 중 적어도 하나를 스스로 완성해 보라. 방금 배운 기술을 사용하면 학습을 강화할 수 있다. 연습문제를 풀면 여러분의 두뇌가 나중에 여러분에게 고마워할 것이다:

1. 서로 다른 면이 있는 다양한 식물 종을 만들어 보라. 여러분의 야심이 크다면 다른 프리팹을 만들고 다른 종을 대표하는 다른 모델을 사용하라.

2. 서로 다른 점이 있고 서로 다른 모델[16]을 쓰기까지 하는 다양한 초식 동물을 만들어 보라. 새로 생성한 동물들이 더 잘 행동하거나 더 잘 수행되는가?

3. 서로 다른 점이 있고 모델도 서로 다른 다양한 육식 동물을 다시 만들라. 다른 무료 폴리 모델을 직접 내려받아 사용하라.

4. 친구나 동료와 함께 에이전트를 세우고 누가 가장 좋은 생물을 세우고 훈련시킬 수 있는지 확인하라. 유니티에서 생물 프리팹을 내보낸 다음 다른 게임으로 가져와서 이것을 공유할 수 있다.

5. 에이전트가 현재 벡터 관측(vector observations)을 하고 있다면 눈관측(visual observations)을 하게 바꿔보라. 훈련이 얼마나 힘들어지겠는가?

6. 원본 테라리엄에서는 에이전트 간에 서로 신호를 주고받을 수 있게 했다. 우리는 시간이 부족해서 그런 기능을 생략했지만 비슷한 종족끼리는 어떤 방식으로든 서로 교신할 수 있는 능력을 지니게 해 보라.

7. 완전 연결 피어투피어(peer-to-peer) 테라리엄을 만들어 생물들이 각 컴퓨터(peer) 사이를 건너다니게 해 보라. 여러분이 이런 것까지 만들 수 있다면, 여러분의 기술은 이 책의 수준을 넘어서게 될 것이고 당장 유니티 사에서 일하게 될지도 모른다.

---

**16** (옮긴이) 즉, 신경망 모델.

## 요약

이 마지막 장에서 우리는 여러분과 함께, 2002년 마이크로소프트에서 닷넷의 보안 기능을 홍보하려는 방편으로 개발한 개발자용 게임인 마이크로소프트 테라리엄을 모델로 삼아, 테라리엄이라는 대규모 다중 에이전트 훈련 시나리오를 작성했다. 우리는 처음에 기존 세임의 기존 규칙과 테마를 이해하고 시뮬레이션을 할 때 생물 에이전트가 따라야 할 규칙을 이해하는 데 시간을 썼다. 그때 우리는 시뮬레이션을 좀 더 게임처럼 만들기 위해 유용한 애셋을 내려받았다. 그 다음에 우리는 테라리엄의 기초를 만들고 우리의 첫 번째 창조물인 식물을 창조했다. 이 식물은 우리가 만든 차세대 생물인 초식 동물과 같은 생태계 상층 에이전트들의 삶과 훈련에 필수적이며 씬에서 ML-Agent로서의 훈련을 시작했다. 초식 동물을 제작한 후, 우리는 테라리엄의 균형을 잡고 완성도를 높이기 위해 육식 동물을 만들었다. 마지막으로 우리는 ML-Agents를 사용하는 흥미진진한 프로젝트에 대한 훈련 및 기타 가능한 아이디어에 대한 다음 단계에 대한 제안을 살펴보았다.

이 책을 통해 지식을 쌓고 ML-Agents를 최대한 활용할 수 있는 멋진 시뮬레이션, 게임 및 앱을 만들 수 있다는 자신감을 갖게 되길 바란다. 이 책에 나온 이번 프로그램 버전은 베타 버전용이기는 해도, 이렇게 쌓은 기초 지식을 바탕으로 다른 목적용 인공지능을 구축할 수 있을 것이다.

## ㅈ